U0611976

陈星旦　**主编**

院士访谈录

第一辑

李衍达院士

金国藩院士

陈星旦院士

姜文汉院士

苏纪兰院士

徐叙瑢院士

吉林大学出版社

图书在版编目（CIP）数据

溯光：院士访谈录. 第一辑 / 陈星旦主编. —— 长
春：吉林大学出版社, 2022.6
ISBN 978-7-5692-9977-9

Ⅰ.①溯… Ⅱ.①陈… Ⅲ.①院士－访问记－中国－
现代 Ⅳ.①K826.1

中国版本图书馆CIP数据核字(2022)第039480号

书　　　名：溯光：院士访谈录 第一辑
　　　　　　SUGUANG：YUANSHI FANGTAN LU DI-YI JI

作　　　者：陈星旦　主编
策划编辑：刘　佳
责任编辑：张绪勇
责任校对：刘　佳
装帧设计：刘　瑜
印刷监制：刘丽楠
出版发行：吉林大学出版社
社　　　址：长春市人民大街4059号
邮政编码：130021
发行电话：0431-89580028/29/21
网　　　址：http://www.jlup.com.cn
电子邮箱：jldxcbs@sina.com
印　　　刷：长春第二新华印刷有限责任公司
开　　　本：787mm×1092mm　1/16
印　　　张：10.5
字　　　数：150千字
版　　　次：2022年6月　第1版
印　　　次：2024年9月　第2次
书　　　号：ISBN 978-7-5692-9977-9
定　　　价：138.00元

版权所有　翻印必究

编委会

主　　　任：陈星旦

副 主 任：贾　平　金　宏

编委会委员：（按姓氏拼音排序）

白雨虹　陈星旦　贾　平　金　宏

莫成钢　闫　锋　于万冰

编写组

主　　　编：陈星旦

副 主 编：王旌尧

编写组成员：（按姓氏拼音排序）

关奉伟　王　飞　王旌尧

校　　　对：（按姓氏拼音排序）

李耀彪　李自乐　袁境泽

序
Preface

　　科技是国家强盛之基，创新是民族进步之魂。院士是科技创新群体的杰出代表，他们在长期科学实践中积累的宝贵精神财富，是值得铭记和学习的。

　　为了更好地弘扬科学家精神，《中国光学》期刊自2021年第1期起开辟了"院士访谈"专栏，结合访谈、自述等多元化形式，记录院士们在成长、教学、科研等经历中难以忘怀的故事，以及他们对人生、科学、教育等问题的认识与思考。

　　"院士访谈"将持续开展，并按刊出顺序汇编成册，形成《院士访谈录》以传于世。本书为《院士访谈录》的第一辑，收录了首批六位院士的访谈内容。衷心希望广大读者通过本书，认识他们、了解他们，从而有所启迪、有所收获。

《院士访谈录》编委会

Contents

目录 ▶▶

3

陈星旦院士

4

姜文汉院士

Contents

目录 ▶▶

1 李衍达 院士

▶▶

李衍达，
1936年10月生于广东省东莞市，
信号处理和生物信息学专家，
中国科学院院士，
清华大学教授。

1959年本科毕业于清华大学计算机与自动控制系，1958年7月在清华大学任教至2018年10月退休。1978—1981年作为"文革"后第一批赴美访问学者在麻省理工学院访问学习。将信号重构理论和人工智能技术引入地震勘探数据的处理和解释，提出综合地震剖面、测井与地质知识预测地下油层的新方法，取得一系列开拓性的成果并在实际应用中取得显著效果，为我国石油地球物理勘探信号处理事业做出了重要贡献。1998年以后，致力于生物信息学方面的研究，在基因调控分析与建模、中医药理论分析、疾病与靶点分析等方面取得了若干研究成果，是我国生物信息学领域的开拓者之一。

一、我的童年是在战乱中度过的

我的父亲李禄荣，祖籍广东南海，在行政机关中做过职员，后来又投靠亲戚在上海做过店员。我的外祖父是清朝举人，家境富裕。我的母亲张瑞文继承了外公的聪慧，她上过学，当过小学教师，思维缜密，遇事有主见，在父亲常年在外的情况下，全家就由母亲全力支撑。

1936年，我出生在外婆家——东莞县城，我是家里的第一个小孩，不久家里又有了第二个小孩——我的弟弟。我的童年是在战乱中度过的。我在东莞沉涌小学上学，到三年级后跟随全家迁到广州继续上小学和初中。到初二时插班考入广雅中学，这是贫寒家庭子弟都希望进入的学校，从初二起我就进入这所全寄宿的学校，直到高中毕业，中间经历了广州的解放（1950年）。广州解放后，由于家庭经济困难，我是全靠国家助学金支持而坚持学习的。

二、难忘广雅

广雅中学的前身是广雅书院，由两广总督张之洞于1888年创建，名字取自"广者大也""雅者正也"，寓意培养学识渊博、品行雅正的人才。在广雅中学，我学会了独立生活，自己管理自己，愉快地自由发展，并且培养了很好的自学习惯和自强精神。

1. 我最感兴趣的莫过于物理课了

我生性好奇，喜欢探索未知，在广雅中学，我最感兴趣的课程莫过于物理课了。物理老师吴蔚棠先生的课讲得富有逻辑，引人入胜，给我们展示了一个崭新的世界。课余借阅课外书，尤其是物理方面的参考书是我的一大乐趣。结果一段时间以后，在中学图书馆我再也找不到可继续借阅的物理课外书了。看课外书使我学得主动、深入。

我的日记记录了我印象深刻的一堂物理课。在那堂课上，吴老师提问让大家解答："现在提第四个问题，请大家解答一下，电池内部的电流是由什么构成的呢？请李衍达同学说说。"对这个问题我已想了一会儿，在站起来前几秒钟把要说的意思简略组织了一下后回答："荷电的离子受两极所造成的电场的吸引而做有规则的运动，负电离子向正极移动而正离子向负极移动，组成电池内的电流。"吴老师不断点头表示赞同："他所说的是完全对的，答得很好，很完满。我再提一个问题，如何将导体中电流的意义扩大起来结合电池内部电流的构成，概括出电流的意义呢？"说着望望大家。我心里想着，电子与离子都是有质量的极小的微粒，可用微粒来代表它们。这时，老师的眼睛望着我说："可否请李衍达同学再来解答这个问题？"我站起来简短地回答："带电的微粒受电场吸引而做有规则的运动便组成电流。"吴老师马上点头说："回答得完全对，而且能概括起来。你想到了电子和离子一样是微粒吗？这次回答得很好，十分难得。李衍达同学一定事前看过很多参考书，对这个问题有完全深入的了解，我教高中物理两年来未有同学回答得这么完整、这么妥当的，这是难得的。你们大家对物理都很用功，可是概括力不够，这就要向李衍达同学学习，他概括得很好，要知道这次他的回答是一点也没错，完全对。"这样的夸奖，对吴老师来说是极其罕见的。

课外书对我确实有很大帮助，我在课外书中看过一些有关溶液电流的问题，已想到离子可能运动，而物理课上老师曾提及"在金属中电流只是电子移动，离子是不动的，但在其他物体中情形可不是这样"，这几句话在其他同学听来可能没什么，却触动了我的思想，更肯定了我的理解。这次课堂上的答问我是结合看课外书与上课时的心得而回答的，因为这些问题当时在高中物理课上是不会讲的。

2. 博览课外书的习惯让我受益匪浅

我看课外书的范围很广，绝不仅是在物理方面。例如，我看过《列宁生平事业简史》，看过《玛琳娜的生活道路》，并做了笔记。我在日记中写道："这本书太好了，给我很大的启示，我这时期很喜欢看书，人简直不可以缺少书，我尤其喜欢看关于英雄成长的书，关于崇高品德的典型的书，我喜爱那些英雄人物。一个人的美丽不但表现在外表上，更主要的是在他的内心、他的品格。玛琳娜的好是在她有不断的向上心、忠诚的性格、勇敢坚毅的精神。"

每每读过好书之后，我便与伙伴们探讨关于人生的话题。好的书对于我来说是这样的重要，以至于我在日记上感叹："我简直不能离开书本一天而生活，图书馆是最迷人的地方，这种感觉早在高一时已深切感到了。"我喜爱马克思说过的一句话："我愿意做一条蛀书虫。"

由此时起，爱看书、爱看各种各样的书成了我一生的嗜好，也帮助我形成了一种自学的本领。高中一年级时，我因病住院近一个月，所缺的课程都是自学补上的。尤其是当时正值学几何阶段，我在医院里看了一本《几何解题一百道》，竟然也跟上了进度。

因为书看得杂，又有兴趣，所以总觉得时间不够用。虽然也订了读书计划，但总是完不成。加之作为班长，更是诸事繁多、忙忙碌碌，渐渐地我习惯了有效安排自己的时间，做事、看书往往注意抓要点，提高效率。这种方法用到课程学习上很有效，一门课下来，我往往用一页纸便可提纲挈领地把它整理出来，复习时也很容易。因此，即使在复习考试期间，我仍然抽空看课外书。这种习惯，使我在后来的学习与工作中受益匪浅。

三、学在清华

1. 练就了一套独特的听课与复习的本领

高中毕业后，我考入了清华大学电机工程系。

我起初对清华大学并不了解，最早形成的印象有两点：一是清华是个适合勤奋读书的好地方，尤其是清华大学的图书馆，大大地满足了我对书籍的需求；二是清华大学的老师很好，先生们不仅课讲得好，而且人格魅力出众。

在清华大学这个严格要求的环境中，我不仅在基础知识方面打下了坚实的基础，而且在思想方法和学习方法方面也有了发展。由于大学里学习的自由度大，学习的难度也很大，我为了适应紧张的大学生活，练就了一套独特的听课与复习的本领。由于我善于抓要点，在听课时一旦抓住了要点，便容易明白；在课堂上往往觉得老师讲的内容有很多烦冗、重复之处，只盯着老师，学习效率就低，不如利用这些听课间隙时间，开动脑筋将老师的方法与自己的想法相比较，列出自己的疑点。

为了更快地抓住课堂知识的要点，我在复习时往往抽时间多看一些书，做些预习，在上课前5分钟，我回想一下预习的内容，便可大概地对这堂课的中心内容有了印象。这样一来，我边听、边想、边分析、边记下要点与异同，大大地提高了听课效率。

日积月累，课堂就不再是死记硬背知识的地方，而是我做分析、做比较的场所。因此，我往往能提出一些自己的看法，也能将课外书的知识融入学习的课程内容里。人的一生，知识都是慢慢积累的，只有自己十分感兴趣、经过认真思考的知识才会在脑中积累下来。要做到这一点并不难，只要有心并养成习惯，则其结果将是必然的。

2. 辩证法为我打开了一扇新的窗子

我喜欢读课外书的学习习惯到大学时期便成了积极参加课外活动了。记得在大学二年级时，我参加了关于"电磁场本质"的课外科技活动。这是关于物质的本质的学习，在有些人看来，电磁场的出现使物质"消失"了。为了讨论这个问题，我特别学习了自然辩证法。

我很喜欢看老子的《道德经》，辩证法的思维方法为我打开了一扇新的窗子，一个人如果没有辩证思想，不仅在科学上难以登堂入室，在生活上也难以经受挫折。辩证法的思想使我理解了成功与失败、上升与下降的辩证关系，使我能坦然面对失败，也重视从失败中学习。当顺利、上升时，我往往能意识到危机，同时为下一个飞跃做出部署。我总能从大处、整体去分析观察一个问题，以发展、变化的观点去看待新的技术与潜力。这都在我日后的工作中发挥出难以想象的作用。将辩证法思想与研究工作自觉地结合，这也是我在大学时期最重要的收获之一。

大学毕业后我有7年时间从事科研工作，在实践中摸索，边干边学，学到了在书本上学不到的东西。重视实践提出的问题，研究的成果要能应用于实际，了解书本知识与实际的差距，等等，这些认识和体会都是在这段时间学到的，我也是这样逐渐成熟起来的。探求未知和好奇是我一生的兴趣与追求，也是形成思维方法的无穷动力。

3. 开阔眼界，登高望远

随着涉猎知识的增多和涉及的领域逐渐扩大，我的见识也在不断增长，发现很多事情具有类似的性质，不同领域间具有内在的联系，我的眼界也随之渐渐开阔，对学科界限和学科发展的理解和认识也有豁然开朗的感觉，并且渐渐有了自己的见地。

我在大学时学的是自动控制，毕业后搞了十多年电子学与数字控制。1959年我参加了我国首台机床程序控制计算机的一些维护与运行工作。虽然当时清华的一批青年对程控计算机知之甚少，但一群敢想敢干的年轻人经过一两年的奋战，也可自己设计、制造程控计算机了。这对于我进一步解放思想、敢想敢干起了很大的启发作用。接着我带领研究生研制出我国首台钻床程控计算机并投入了生产。

四、MIT进修两年

1978年，我通过了考试成为第一批赴美访问学者，有机会到美国麻省理工学院（MIT）进修。由于一些其他原因，我的研究方向从电子学转到了信号处理领域。我虽然在MIT只待了两年，但有很多收获，最重要的是拓宽了眼界，同时也让自己进入了新的研究领域，找到了新的方向。

　　我原来主修的是电子线路，在童诗白先生手下工作。出国前童先生布置我去学微处理机，要求回来能开这门课。当时出国需要两个人写推荐信，我找了常迥先生，他是MIT硕士和哈佛博士。常先生让我去学信号处理，也要把课带回来。所以我在申请表上写了：第一志愿微处理机，第二志愿信号处理。

　　我去MIT本来选择的导师是李凡教授，他是MIT微处理机实验室主任。但当时是新中国第一次往美国派遣访问学者，有几个机构并没有明确表态会接收这些人，其中就包括MIT。据说，当MIT的教授们讨论是不是接收这批访问学者的时候，林家翘先生力主接收，但也有一些在MIT很有势力的教授提了一些刁难的问题，例如他们提出：访问学者的基础条件是要有博士学位，而这批中国人都没有博士学位，只能作为学生来MIT，不能作为访问学者。

　　作为学生就必须交学费，这实际上还是不接收。林家翘先生据理力争，指出中国没有博士学位这一情况，并强调这些人的水平满足要求。双方争执不下，最后一个叫奥本海默的教授提出一个折中方案：不妨让他们先进来看看再决定。

　　最后，MIT的教授们决定：以一年为期进行考察，如果这些人够格就按访问学者对待，不够格就按照学生对待，收学费。因为是奥本海默教授提出的这个建议，他要以身作则收一个中国人，然后一年后向其他教授报告考核结果。他是信号处理专家，看了所有访问学者的申请材料，发现只有我选了信号处理，虽然是放在第二志愿，他还是选了我。所以，我来MIT就被"分配"到奥本海默教授那里。

　　那年我42岁，与奥本海默教授同年。第一次见面我就跟他说："我们同年大学毕业，但我刚刚经历了十年'文革'，而你读了博士，开辟

出了自己的科研方向，所以我们两个人已经岔开了十几年。"当时我的首要任务是把课程学好，回国可以继续开这门课。

在奥本海默教授的实验室里面学习并不容易，实验室的计算机系统我从未见过也不知道如何操作。有一次我在学习指令集，一个个尝试各个指令的功能，最后一个指令是"关机"，我一执行，把整个实验室的计算机系统都关掉了，一时全实验室哗然，有些人就有意见，对中国人有看法。但后来的一件事使我的处境得以改观。

虽然我在奥本海默教授那里改学信号处理，但仍有学微处理机的任务。正好暑假期间李凡教授的实验室提供一个关于微处理机的强化课，一个半月，有三十多位高级工程师听课。学这门课的过程很紧，作业很重，当时我的英语不好也听不太懂。最后的考试是给这三十多人每人一个芯片，要求大家自己搭一个电路，能读取芯片中的信息并显示出来就算通过。我对电路很熟，两三天后第一个做出来，通过了考试，让一些人很是吃惊。这个课的辅导教师是个研究生，跟奥本海默教授的实验室联系很密切，消息就传了过来，从此奥本海默组里的人对我的态度变化很大。

在奥本海默组里过了大半年，我通过看书看录像，把"信号处理"等两三门课都自学了，感觉自己应该做科研，就去找奥本海默教授说要参加组里的科研工作。奥本海默教授很吃惊，他一直以为我会只学课程，就问我想去哪个课题组，我选择了地震勘探。奥本海默教授表示要先考察一下，给了我一个题目，要求我自己找资料做计算。一周后我把结果交上去，他又给了我一篇博士论文让我去读。一个多月之后我看明白了论文，还提出自己的改进意见，这才进入了他的研究组。

奥本海默教授是研究如何应用相位谱的专家，我当时意识到相位谱同波的延迟密切相关，而利用波延迟可以获得地层结构的信息。我的工作也让奥本海默教授有了新的体会，原来他提出的相位函数居然还可以用在波延迟和地质结构的研究上。

奥本海默教授对我的工作是认可的，我们这批人在各自的领域也有很好的表现。因此，我们都得到了访问学者待遇，不用交学费了，以后MIT又接收了新的访问学者。

出国前我在清华主要是做教学，科研主要是跟踪模仿。在MIT我才明白应该如何做科研——做新东西！在MIT两年，我从电子线路转到信号处理，开辟了新的科研方向，也学会了从一个更高的层次考虑问题。不论是电子线路、信号处理还是反馈控制，其实都是信息传递和处理的问题。从高一个层次考虑，它们是相通的。我后来研究互联网，也是从信息控制的角度来研究，解决拥塞问题；再后面研究生物信息学，本质还是研究DNA信息的遗传，信息遗传决定物质遗传。生命的本质也是信息过程。我后来所有的工作都是沿着这样一条线开展的。

在MIT两年的访问大大拓宽了我的眼界，也使我看到了国外科技的迅猛发展和我们的落后，同时也坚定了自己解放思想、敢想敢干的信心。但是，最重要的收获是：自己站的高度不同了，有了登高望远的感觉。

五、探索地震勘探数据处理技术新道路

回国以后，我致力于运用信号处理新方法为国家寻找石油与天然气，即油气勘探的数据处理工作。

用计算机处理大量的油气勘探数据，以寻找埋藏于地下几千米的油层，这是一件十分复杂和困难的事情。现在寻找油气有几种途径，主要靠所谓"地震勘探"的方法。地质学家通常是根据地质考察，分析地区的生油、成油的条件，然后在有可能生油与储油的地区，通过人工爆炸产生地震波。地震波向下传播到几千米的油层再反射到地面，在地面装上检波器便可收到反射波，再经计算机处理便可得到地下构造的断面图。地质工程师分析这些构造，根据经验或已知的知识找到可以藏油的构造，最后通过打井加以证实。

但是，勘探初期，打井的成功率往往是很低的，我们的任务是协助地质工程师更好地判断油层，提高打井的命中率。用计算机处理勘探数据在20世纪六七十年代有很大的发展，取得了巨大的成功。到80年代，这种方法变得越来越复杂，取得的成效却越来越小了。经过一段时间的研究，尽管我们花了很大力气，但收效并不很理想，我开始对我们工作的路线重新进行思索。

我的思索并不是只限于目前的具体课题，而是对整个勘探方法的思考。我想，用地震勘探的方法确定的井位，往往打不出油，其根本原因是什么呢？我的结论是，其主要原因不是计算机处理得不够精细，而是用地震勘探得到的数据并不足以确定地下油层的位置。从信息论的观点看，就是信息量不足的问题。对于这个问题，无论怎样研究计算机的处理方法都是不能解决的。解决这一问题的基本方法是增加信息量，也就是说从其他方面来补充新的有关地下油层的知识。这样的知识补充得越多，对问题的解决越有效。

当我环顾勘探的全过程时，发现对地下油层的了解还有几个重要的途径：一个是打井、测井提供了地下的局部详细信息；另一个是地质工程师根据地质条件对地下油层的推断和分析。那么，将测井的数据和地质工程师的经验所提供的信息纳入地震勘探数据中来，不是正好解决了信息量不足的问题吗？但是，由于地质学、测井学和地震勘探技术三者各自都是很复杂的学科或技术，自成体系，通常一个工程师只会其中的一项，学科的分隔造成了这三者在一定程度上的相互分隔。另外，在技术上三者也有很大的不同，地质工程师的知识比较模糊，难以准确地定量描述；测井数据的分辨率很高，但只是"一孔之见"，在空间上作用范围很窄；地震数据在空间上的作用范围很宽，但在局部深度上分辨率较低，且数据量十分庞大，要用大型计算机处理，其处理过程复杂，人工难以干预，在大型机上要结合处理其他数据十分困难。

当我意识到如果能将测井和地质工程师的知识结合到地震数据中来就有可能取得新成果时，便开始考虑如何实现这一方案。然而当我向一些专家提出要把这三者综合起来时，他们大都摇头，说很困难。在大型计算机的环境和限制下实现三者的综合是不容易的。

80年代中期，常迵教授出国访问回来，兴奋地告诉我，国外出现了一种新型计算机——工作站。它的性能相当于中、大型计算机，但体积小，易于人工操作和人机交互。我立即意识到，难得的机会来了，在工作站上一定有可能实现这三者的结合。

我已经预感到传统的地震勘探数据处理技术快要走到尽头了，需要大胆做出决断，走出一条新路，这就是上述三者的结合。这样的分析坚定了我克服一切困难、走出一条新路的决心。经过几年的努力，我和我的研究生们开拓了一条新路，初步实现了三者的结合，用这种新方法在胜利油田上打出了三口新的高产井。

与此同时，国际上也是按这一方向在发展。现在，在工作站上将地震勘探、地质工程师解释与测井数据同时处理，人机交互或相互结合，已成为通常的工作方式，成为油气勘探的重要手段。

六、生物信息学——开拓新领域

1996—1997年前后，人类基因组计划进行得如火如荼，大量的基因组数据涌现，对于"数据"已十分敏感的我自然不会错过如此机遇。

目前对生命科学的研究大多仍然停留在局部细节上，未来对生命科学的研究应当上升到一个整体的、系统的高度，因为生命是一个整体，我们需要将微观与宏观结合起来！

2010年西宁—拉萨生物信息学学术研讨会

人类基因组计划使我们对人体系统的分析进入了基因层次，进入一个前所未有的领域。为了了解疾病的产生，我们急切希望了解基因和蛋白质的功能。但是，除了少数基因和蛋白质外，多数基因与蛋白质不是单个起作用的。大部分基因和蛋白质常常是相互协同发挥作用的，它们之间的关系像是一个非常复杂的网络。我们面临的问题是：在复杂的生物分子网络中寻找导致遗传疾病的基因变异，从基因蛋白质网络中寻找治疗疾病或症状的药物靶点，继而寻找癌症的标志物。

如何分析这个网络呢？我们不能把网络拆散，分成多个部分来分析，而必须要将之视为一个整体来加以分析。然而，通常我们仅仅了解这个复杂网络的一小部分，如何从网络的一部分分析其中基因或者蛋白质所起的作用呢？这个问题困扰了我们近十年！

关联分析是一个突破！这个问题的早期突破在于：寻找非家族型遗传病的突变基因。对于家族型遗传病，可以寻找相应的家族，通过连锁分析找到其特殊的基因突变，但是对于非家族型遗传病，传统方法不再适用。无奈之下，人们想出了关联分析：同时出现就是关联。

把病人与健康人分为两群，找到病人中出现而健康人群不出现的基因突变。这些基因突变与遗传病有"关联"。当然只找到有关联的基因突变还不够，还要通过先验知识、机理分析、实验验证等方法，从中确认真正与疾病相关的基因突变，最好还要通过第三方的独立验证。最终，这种方法被证明是可行的，随着试验人群不断扩大，扩展到全基因组分析，取得了显著的效果。

我们把关联分析进一步扩大为关系推断，提出了CIPHER算法。我们设想：表型更相似、相关的基因更靠近，即"表型相似性的分布"与"基因邻近性的分布"一致，给定表型，可寻找与之相应的基因。这种方法的关键是：把宏观与微观结合起来，把表征与生物分子相互联系，利用表型相关性，已知基因突变可以从已知表型寻找相似表型的基因突变，可以寻找疾病的药物靶点。利用"关系推断"方法，我们已在一些应用上取得成功。

对疾病的诊疗由还原论到系统论的变化是医疗事业的一个重大发展，对疾病的早期诊断、精准医疗和药物研发等都有重要意义。这个方面已经有了实质性进展。

关系推断使我们能更深刻理解大数据的意义——提供各方面的"关系"，这对解决复杂系统问题起了关键作用！

分子生物学的各种组学数据很多，而疾病与医药的数据也很多，是名副其实的大数据。但当我们检索癌症数据时，发现其样本量却很小，因为即使同是肝癌，也有很多的亚型。发生突变可能的组合非常之多，它们之间有密切的关系，但不是同一类的样本。大数据得到的其实是高维小样本，是"关系"大数据！正是因为有了大数据提供的"关系"，才使关系推断大有用武之地。大力发展关系推断对于生物系统、社会系统、社交系统、金融系统、经济系统和军事系统的预测与干预都是十分重要的。

七、关于人才培养

1. 人品、学识与才干

人才培养、研究生教育一直是我心中思考的问题。到底学生在学校要学习什么？对自动化系一年级研究生我曾说过以下一段话：

"清华的老学长高士其同志晚年回清华时曾写下以下感言：清华园八载攻读，六十年风雨迎新，今之奉献，源于昨之汲取，老之成就，来于少之勤奋。"

看来，只有善于汲取，才能当好研究生；只有善于汲取，才能自强不息，不断进步。

在读研究生期间，应该汲取什么呢？

我想，应该在读书与研究中学习"人品、学识与才干"。其中，最难学与最有用的是人品，其次是学识与才干。

其实，清华对人们影响最大的还是清华人的人品。在暑假，很多来清华参观旅游的人问我，清华的"荷塘月色"在哪里。荷塘月色，表现了清华人的优雅情操，而闻一多先生的拍案而起，则体现了清华人的正气与骨气。我们这一代印象最深的还有王淦昌先生，当组织上希望他参加研制原子弹以回击美国的核威胁时，王淦昌先生的回答是："我愿以身许国。"这体现了清华人的人生目标与传统。

情操、正气与人生理想，这些品格影响了几代人。读书如不提高品格，便是不曾读。这正如大儒程颢所言："今人不会读书。如读《论语》，未读时是此等人，读了后又只是此等人，便是不曾读。"希望我们通过读书提高自己的品格。

其次，我想说的是提高学识，这里面包括了学问与见识。在我看来，知识易学，见识难求。

学识是有不同境界的。于右任先生写过两句诗："放鹤云千顷，钓鱼溪一湾。"这是两种境界，一鹤冲天，目尽天涯，而钓鱼则只需在河湾。有此等视野才有此等见识。

一般而言，科学只能问"How"，不能问"Why"。学生们戏说：科学只能说"好"，不能说"坏"。但我想，科学应既能问"How"，也能问"Why"。如果问"Why"，那往往是更大的问题，它的思考需要有眼光、有见识、有想象力，而且往往没有答案。因为如果问"Why"，可能是问"道"。老子有言，"道可道，非常道"。小一点来说，如果你把别人尚未知或不能解决的问题作为自己的研究方向，这就需要见识，需要想象力。

读书与研究如果不仅能从老师与同学身上学到知识，而且还能增长"见识"，那就不枉此行了。

再次便是才干，即解决实际问题的能力。能与人沟通，能言辞达意，通情达理，尊重别人，善于团结人，等等。有人办什么都顺顺当当，有人什么都办不成，这便是有无能力的表现。

有人说，做研究生，出篇好论文才是一切。但是，好论文是怎样出来的？如果你是真正做研究，其实就是在未知的领域进行探索。其过程有如在黑暗中摸索房子的出口，你常常会四处碰壁，但门口可能就在你的手边恰巧擦肩而过。那时，你可能会十分懊恼，甚至非常失望，那么我建议你，如果你足够坚强，那就再坚持一下吧。或者，你可能想那是天意，回宿舍睡觉吧，下周换了房子再找，也是可行的。但切不可造假、抄袭。据我的经验，80%的情况下，"上帝"是会给你一个出口的。

因为我们大多数人的研究，只能算是"在小溪里钓鱼"，而不是如冲天鹤般云游四海。因此，找到出口并不难。但是，人品、学识和才干不是"上帝"会给的，只有这三样，才是成功做人的真谛，才是永远帮你找到出口的本领，希望大家留心。

2. 研究生教育要真正面向未来

为什么我国长期以来总是模仿、跟踪多，科研低水平重复多、自主创造少，新的前沿学科发展慢，高水平的拔尖人才，特别是带领一个学科发展的帅才少？我觉得除了受我国经济发展水平限制以及投入不足的限制外，研究生教育也应承担一部分责任。

新的前沿学科的人才应在研究生中培养，而不应只是培养已有学科的人才。研究生向前沿学科培养，成熟后自然会带到本科教育，从而推动本科课程的更新。

我国本科教育的课题内容更新慢、内容老化是一个众所周知的问题。究其根源，与研究生没有大力培养新的前沿学科人才有很大关系。新的学科领域的发展，自然就会有新的学科带头人出现，这就是帅才。我们在科技领域的拔尖、在一个领域有重大影响的帅才少，也是与研究生教育中不能敏感地培养未来新学科人才有关。

大家都知道交叉学科中会有大批突破性课题，但过去我们常常感叹交叉学科发展难，并将其归结为管理制度不完善等问题。其实，从根本上说，是研究生教育的指导思想没有真正面向未来。这可以说是影响研究生培养质量，影响真正帅才培养的一个重要问题。这不是具体管理方法的问题，而是思想观念的问题。没有先进的理念自然就不会产生新的人才培养模式，这是值得我们深入思考的。

以生物信息学这一学科为例，做一个具体剖析。从90年代人类基因组计划实施以来，生物学特别是分子生物学正在经历一个重大的变化，从过去只着眼于一个基因或一个蛋白质的生物学转向新的系统生物学，通过识别几万个基因和成百上千万的单核酸多态性，使基因组学有助于揭示问题的根本，从而找到很多遗传性疾病的最佳疗法。基因组学、转录组学、代谢组学、蛋白组学等"组学"的浪潮正在推动这一转变。这是催生新的前沿学科和培养新的学科带头人的大好机会。

但是，很多在这一领域的研究生适应不了这一转变，问题在哪里呢？美国明尼苏达大学的David R. Brown教授认为"部分是教育问题"，因为我们培训的是意识到了基因组学与蛋白组学进展的药物工作者吗？我们培训的是会参与药物发现过程的分子生物学工作者吗？都不是。在这一新的学科里，分子生物学工作者和药物工作者，不仅要变成信息科学工作者，而且基因组学、蛋白组学、生理学、医学和生化之间的信息都必须可以互相转换，这就是"生物信息学"学科的意义。

美国、英国、日本的有识之士，先进的大学与教授很快就抓住这一领域，以新的教学内容来培养这一新学科人才，新的研究生团队又大力推动这一领域的发展，教授们按照科学前沿的要求，从未来需要出发来培养一批新人已成为一些一流大学的共识，多年来已经发展出相应的管理方法。如果我们仅仅认为这是交叉学科问题，我看是不够的。教育的确应认真贯彻教育要面向现代化、面向未来的思想。

在科学技术日新月异的今天，科技的发展为我国经济的发展提供了大好机会，也为我国科技的赶超提供了大好的机会。但是为什么我国创新能力与世界相比一直难以提高，长期以来缺乏真正的帅才与大师呢？恐怕不是我们中国人的智力不够，我看部分问题出在教育上，尤其是研究生教育上。

八、对科研工作的几点体会

1. 不要做别人做过的事

当我在MIT做研究工作时，曾有机会与著名学者林家翘教授接触，他是我十分钦佩的学者，在数学上的贡献是世所公认的。我曾向他请教做学问应注意什么，对我今后的研究有什么建议。他告诉我："别人做过的事，你不要做。"这句话对我来说有很大启发。

我理解他的话并不是说别人做过的事你就不要去做。很多工作，你要学习、理解它，就必须重复人家已做过的工作，很多开发性、产品化的工作更是在别人工作的基础上来做的，这是不言而喻的。我想他的话的本意是：你确定的研究课题、研究目标应是前人未做过的，真正具有探索性和开拓性。如果只在别人已做的基础上低水平地重复，做一些修补，在研究上是没有多大意义的，只会浪费大量的精力，这不应该是一个科研工作者所看重的。

在我从事科研工作的初期，只是参与到已有的项目中，或跟着老师做项目，没有认真考虑这个问题，等到80年代初从美国回来后，眼界和看问题的高度都不同了。林家翘教授这一指点可以说是点到了要害，使我的研究工作提高到了一个新水平。我正是从"没有人做过"这一基本点出发来确定我的研究目标和方法的。与以往相比，同样都是全力以赴，但结果却大不相同，真是受益匪浅。

2. 抓住关键，全力以赴

对待研究工作，我也采用在学习中所用的方法。当研究课题确定以后，我习惯于抓要点、抓关键，把问题简化为一两个关键性问题，然后全力以赴，集中精力去解决它。这样，你的全部精力就可聚焦在一两点上，像锥子一样形成极大的贯穿力。

例如我在MIT进修信号处理方法时期，指导我的教授是信号处理学界很著名的学者，他的研究工作达到当时世界最先进水平。由于我的基础较弱，他希望我能多学一点课程，进一步了解他的博士生所做的工作，只要能做到这一点就不错了。但我认为"不入虎穴，焉得虎子"，我不仅要学习先进的理论和已有的成果，还要能运用甚至发展它，有所创造，这才是我的目标。

根据我的分析，指导教授在信号重构上有新的创造，最重要的一点是利用相位函数重构信号。我就抓住这一点深入研究；另外，我又选择油气勘探数据处理作为应用领域。在这一应用领域中要解决的一个关键问题是求取信号的到达时间的延迟问题，我模糊地感觉到这两者之间有某种联系。经过反复思考，我发现信号到达时间正是由相位函数所决定的，因此本质上可以利用相位函数来确定延迟时间。找到了这一内在联系，我十分兴奋，接着就反复思考如何将这两者用数学来表达其联系，从建立模型开始，到写出一般表达式。

经过不断思考，我终于找到了用相位函数重构信号来估计延时问题的一种新方法及新的表达式，并用仿真数据证明了这种新方法的可行性。这一成果使指导教授十分高兴，亲自带我到有关研究中心，让我报告这一成果，并将这一成果写入他的总结报告中。后来这一成果也发表在国际著名的刊物上。

抓住关键，全力以赴。这一方法不仅使我在学习上深受其益，而且也是我在研究工作中最重要的武器。

3. 及时提出新目标，不怕失败

一个学科有它的发生、发展及衰退的过程，一个人从事某一领域的研究也要经历类似的过程。一个人在他到达成功的高峰时，也正意味着他可能要走下坡路了。这时他应该警惕了，应该有危机感了，要及时给自己树立新的目标。

另外我认为，若要探索，就不要怕失败。我的一次成功往往建立在几十次失败之上。我不怕承认失败，在我提出一些新想法时，也常常遭到一些人的讥讽、反对，有时甚至是尖刻的批评。对这些我都不放在心上，只是一笑了之。我认为这是我的一个很大的优点。

为什么我总是在不断探索呢？我觉得一方面是出于好奇，另一方面是看到了更大的机遇。从1981年回国开始，十多年的时间我主要从事地震勘探数据处理工作，我的小组从小到大，研究工作几经波折，终于取得了一定的成绩。从1993年开始，当我的研究成果获得奖励，也正在承担较大的项目时，我感到在这一领域我十多年的工作已经从开始发展到了一个高峰，正在走下坡路。我有了危机感，我认为到了应该给自己提出新目标的时候了。

　　我的感觉告诉我，网络信息正是一个迅速发展的新领域，有大量的机遇。因此我着手建立了一个网络信息研究小组，将我们多年研究的智能信息处理方法用于网络的控制和网络信息的检索。虽然在网络信息方面我们是初学者，但在智能信息处理与智能控制方面我们已有多年的知识积累。这个研究小组的建立，使我们有了新的目标，激发了我们新的研究思想。随着世界因特网以及我国信息高速公路的发展，我们新的网络信息研究组也随之迅速发展起来，吸引了一批有作为的年轻人，我们的研究也很快取得了成果并在国内外重要刊物上发表了论文。

　　从1996年开始，随着人类基因组工程的实施，出现了大量的基因信息与数据，亟待信息学家做进一步的分析。生物信息学的研究是21世纪的重要课题，我们的另一个生物信息学研究小组也正在与生物学家密切合作，进行新的研究。

　　我认为，交叉学科、学科的边沿正是我们大有作为的地方。在信息时代，我们不能故步自封、夜郎自大，而要十分敏感，要时刻注意世界科技的发展，充分利用通过交流与开放从世界各地所得到的信息，跟上时代的步伐。

4. 建立一支有理想的、科学民主的队伍

　　当今的科学研究总是集体的行为。经验和见识、敏锐和勤奋的结合，往往也是在一个集体中才能更充分地体现出来。一个有为的学者也应是一个善于组织的人。我在中学、大学常常担任班长、团支部干部等职务，这培养了我在组织方面的能力，也为以后的学习与工作积累了社会工作的经验。

　　常迥老师对建立一支有理想的、科学民主的队伍寄予了很大的期

望，也做了大量的工作，这对我产生了很大的影响。我们把敢于向世界一流水平挑战的精神带到研究小组中来，树立起高标准，在研究小组里鼓励探索、允许失败、发扬民主、平等讨论，并逐渐形成一种气氛。通过全组人员的努力，我们建立了共同的目标，并树立了民族自信心与自豪感。在这里，作为组织者，具有理想与信念、坚韧不拔、不计较个人得失是最重要的。

幸运的是，我经常工作在这样一个集体中，这个集体也常是我的创新思想与灵感的来源，是我的视觉、触觉的最敏感部分。在这样一个年轻的集体中做研究与探索工作，其乐无穷。

李衍达（第一排左四）和他的研究生们

5. 关于基础研究

一直以来困扰我国科技界的一个问题就是科技与经济"两张皮"，

两者不能很好结合。多年来，我们一直强调"任务带学科""科学技术要为经济服务"，并采取了很多措施，但是在创新方面原创性成果不多，在科技与经济结合方面仍存在"两张皮"的情况。如果在已经发现了问题并且高度重视的情况下仍长期没有明显改变，那么很可能是我们在解决问题的指导思想上出了问题。

1944年第二次世界大战即将结束时，人们都在思考如何将科学技术从服务战争转为服务和平时期的社会发展。时任美国总统罗斯福将这个任务交给了美国科学研究发展局主任布什博士。经过深入地研究，布什博士与一批杰出的专家提出了一份报告——《科学：无尽的前沿》。这份报告对其后几十年美国的科学研究与经济发展影响巨大，这期间，美国的科技一直站在世界前沿，而美国的经济也得到科技的支持而迅速发展。当我国开始走出外部强大的压力和各种战争的困扰，在相对和平的环境下进行发展时，这份报告提供的经验很值得我们研究。

这份报告最主要的着眼点就是关于基础研究的重要性，它指出基础研究将衍生出新的知识。它提供科学上的资本，它创造了这样一种储备，而知识的实际应用必须从中提取。新的产品和新的工艺流程并不是一出现就完全成熟的，它们是建立在新的原理和新的观念基础之上的，而这些新原理和新观念又是在科学的最纯粹领域中的研究工作中艰辛地开发出来的。今天基础研究已成为技术进步的带路人，这比以往任何时候都更加明确了。一个在新的基础科学知识方面依靠别国的国家，其工业发展将是缓慢的，在世界贸易竞争中所处的地位将是虚弱的，而不管它的机械技艺多么高明。报告要求政府用于基础研究的经费必须保持一种稳定增加的态势，且对基础研究应予以特殊的保护和特别有保证的支持。1968年，在美国国会授权国家科学基金会在支持基础研究之外还要支持应用研究时，布什的科学与公共福利委员会提出警告："有一条顽强的支配科学研究的规律——在要求取得立竿见影的成果的压力下，应用研究必然会排斥纯科学研究，除非制定深思熟虑的政策以防止这种情况的出现。"

报告还特别关注人才培养问题，在"更新我们的科学人才"这部分中，引用了科南特校长的话："在可以合适地称为'科学'的整个领域的每一方面，其限制的因素是人。我们在某个方向进展的快慢取决于从事所说工作的真正第一流人才的人数。所以归根到底，我们的基础教育政策将决定这个国家的未来。"

至于加强工业研究问题，报告指出"政府能够加强工业研究的最简单有效的方法就是支持基础研究和开发科学人才"，报告还指出"影响大量地进行工业研究的最重要的因素之一就是税法"，报告建议应该修改国内税法以消除对研究与发展经费扣除的不确定性。

我想，很清楚，我们可以从这个报告中学到点什么。

"科学的前沿和它的潜在利益仍然是没有止境的"。

6. 千载难逢的时代

科学技术发展到今天，经历了牛顿力学、爱因斯坦的相对论与量子力学，看起来已发展得非常丰富而深刻。数学也发展得十分成熟，科学分支越来越多、越来越专。

在科学好像是无所不能的时候，当人们真正面对复杂的世界时，忽然发现全部的科学技术竟是如此局限和简单；当人们用完美的规律来解释世界时，竟发现常常碰壁，世界发展的偶然性竟是如此之大！这究竟是怎么一回事呢？

现在，甚至连基础的问题，人们都对以往的"真理"产生了信念上的动摇。例如，宇宙是怎么产生的？生物是按照达尔文的进化论以适者生存的原理而演化的吗？生命的奥秘是什么？诸如此类。

这真是一个奇妙的时代。在我看来，各个学科的界限变得越来越模糊，交叉学科成了发展最快的学科。计算机的发展、人类基因组计划的实现、全球网络的出现、信息的高速交流，使人类社会的科学技术正在以前所未有的速度向前发展，我们正在面临一个科学的新时代。随机的、非线性的新的分析方法，正在使过去的各种学科的分析方法和结论产生极大的，甚至是根本性的变化。这是一个给从事科学探索的人们提供了极大机遇的千载难逢的时代！

我们正是生活在这样一个幸运的时代。在这样的时代，敢于设想、善于交叉研究，敢于从本质上、总体上把握事物是十分重要的。只有这样才能最大限度地抓住这个时代的机遇，才能无愧于这个时代。

我希望这样的人才更多地出现在东方，出现在中国。

2 金国藩院士

金国藩，
1929年1月生于辽宁省沈阳市，
光学仪器与光学信息处理专家，
中国工程院院士，
清华大学教授。

1950年毕业于北京大学机械系，后留校任教，1952年院系调整后到清华大学工作。先后在德国爱尔兰根大学、英国赫瑞奥特大学做访问学者。长期从事光信息处理及应用光学技术研究，在国内较早地开展了计算全息、光计算、二元光学（衍射光学）及体全息存储研究等。主持研制了我国第一台三坐标光栅测量机，引领了可擦除光盘机、激光陀螺等研究工作，开创性地将计算全息用于制作四面光栅及光学综合孔径雷达信号处理等，为我国光学信息处理技术奠基人之一。

▶▶

一、动荡年代的成长、求学记忆

1. 殖民统治下的成长经历

我的祖籍是浙江绍兴，1929年出生于沈阳。1931年"九一八"事变后，我随父亲来到北京，从此就一直生活在这里。1937年日本发动全面侵华战争后，我的家庭就开始过着被殖民统治的艰难生活。

我的小学和初中是在北京一所教会学校——育英中小学念的，后因家境关系及日本发动太平洋战争，我就转入离家很近的河北省立北京高中就读。这所学校是市属学校，强迫学生学习日语。我因在教会学校没学过日语，几乎次次受到日本教官的鞭打，生活在日本铁蹄统治下，少年的我已经深深尝到了被侵略的痛苦。

2. 最好的教育——父亲的言传身教

我的父亲金涛先生是庚子赔款第一期赴美的留学生，就读于美国康奈尔大学，学习土木工程。1913年回国，曾在北宁铁路、平绥铁路、北京大学工作，1929年他在北宁铁路沈阳工务段工作。"九一八"事变后，父亲被调回北京，我也就被带到北京。后来父亲转至平绥铁路任工务处处长，一直工作在平绥铁路。1946年，国民党接收大员盛气凌人，父亲不愿寄人篱下，气愤之下便离开了他曾效力三十余年的铁路事业，转入北京大学工学院任教。一个从事工程建设几十年的人，转而从事教学科研，其难度可想而知，但他对钢结构解法的科研情有独钟，先后著有《钢构解法》及《超定钢构解法》两本专著。1954年院系调整后，父亲调入清华大学土木系任教授，后又被聘为清华大学图书馆馆长。

我的父亲是一位学识渊博、为人正直、严于律己、乐于助人的学者，深谙孔孟之道又兼容西方文明，我受他的影响很深。父亲常教导我们"己所不欲，勿施于人""宁人负我，我勿负人"。对于我们的学习，父亲的要求也非常严格，他会亲自教习我们英语，并请家教教习古文，成绩不好的我有时难免要受些皮肉之苦，但受益也是一生的。

3. 聪敏但无心向学的少年

我自幼就对机械、电器非常喜好，经常将家里的自行车拆了又装，装了又拆，又自行装制矿石收音机、收发报系统，是个爱动手的孩子。但在高中二年级以前我学习并不刻苦，更喜欢打打垒球，玩玩小机械、小电器……日复一日，年复一年，就这样马马虎虎地到了高中。高中二年级时，哥哥考大学受到点挫折，这对我似乎也是一记警钟，我开始意识到我应该努力学习了。

基于父亲为我们打下的坚实基础，高中毕业后，我顺利考入了北洋大学机械系。

4. 波澜动荡中完成大学学业

1947年北洋大学北平部被北京大学工学院兼并，我志愿转入北京大学工学院学习。当时北大工学院的院长是马大猷教授，著名的声学专家。他原是西南联大的教授，后在清华大学任教。当时教授们的生活都很清苦，所以愿到其他院校兼课，而马大猷先生又与清华教授们都很熟，因此邀请了一些国内外著名学者给我们授课。所谓"名师出高徒"，我想我是幸运的。

我读大学的这几年是处于动荡时期。我进入北洋大学正赶上政治斗争，为此曾停课了一个多月；二年级以后正是风起云涌的解放前夕，大学里也是不平静的，各派学生间也是斗争激烈，一些同学因上了黑名单而出走解放区。国民党政府贪污腐化，通货膨胀，年轻人感到毫无前途，加之一些进步同学对我们的影响使我们的思想发生了变化，我个人就受到我班的地下党员的影响而参加了一些进步学生活动，如为"六二图书室"服务，参加北平迎接解放军活动。解放军进城后我积极要求进步，于1949年参加了新民主主义青年团。

我在大学学习期间，一方面对专业很有兴趣，一方面勤奋刻苦，后成为班上最好的学生之一。1950年毕业就被系里留下任助教，先后辅导过"汽车学"和"工程制图"。

二、科研与教学生涯

1. 任教清华——传道授业解惑

1952年全国院系调整，北京大学工学院和燕京大学工学院全部被调整至清华大学，我们就转至清华大学机械系工作。而随着教育全面学习苏联的浪潮，全体老师学习速成俄语，大量采用苏联教材。国家开始大规模建设，急需工程建设人才，不少三年级的学生提前毕业投身到建设事业中。学校开始大量招收学生，对基础课老师的需求也大大增加，我作为年轻教师就被分配去教"画法几何"与"工程制图"。"工程制图"是全校的基础课，课程讲授为大班，每班180人。

我到清华后教了两年"工程制图",这时入学两年的学生需要学习技术基础课了,同时技术基础课的教师又紧缺,我就被调到机械制造教研组。有一门"金属切削原理"没有人教,领导将我送到哈尔滨工业大学去进修,我只在哈工大待了半年就回来开设了这门课。那时我国的教育已进入全面学苏阶段,学校也引进了不少苏联专家,我系也引进了讲授"机械制造工艺学"和"机床设计"的两位苏联专家。在这段时间我被任命为金属切削实验室副主任,尽全力开设切削力、切削热、刀具磨损等金属切削原理相关实验,还做出了我国第一台三向切削力测试仪。

学校恢复教研组后,我担任教研组主任。我和其他教师们都希望把丢失的岁月补回来,因此除努力做好"三坐标光栅测量机"的科研工作之外,同时也如饥似渴地学习一些新的知识,如请物理系夏学江教授讲授"傅立叶光学"。

后来我又调至陀螺与导航教研组,主讲"航空仪表与传感器";到了光学仪器教研组,曾主讲过"物理光学",为研究生开设过"光学信息处理""傅立叶光学"及"科技英语"等课程。

2. 访学德国——探究"计算全息"领域

1978年我国第一次与德国科学交换中心进行高访和交换学者,首批机会给了清华大学,学校批准我作为我国第一批交换学者之一赴德国。这也是我人生第一次去外国,看到每家都有电灯、电话、小洋房、绿草地,真是豁然开朗,也看到了我国和发达国家的差距。

在德国我选择去了爱尔兰根-纽伦堡大学。此前我已开始做计算全息工作,而爱尔兰根大学阿道夫·罗曼教授是计算全息的发明人。我在德国期间开始学习"光学信息处理"与"计算全息",掌握了计算全息的基本原理和编制程序，在爱尔兰根大学工作了近半年，收获很大。最后我被介绍到德国蔡司光学仪器厂参观计算全息检测2米的非球面镜。加工设备有四层楼高，看完加工与检测，我提出想要看他们的计算全息图时却被拒绝，这使我认识到国外的关键技术我们是学不到的，因此暗下决心回国后一定要自己做。

访学期间常常受到歧视，不被尊重。记得有一次我们全所在罗曼教授的带领下参观慕尼黑西门子光学研究所。到了地方，该所称"不欢迎中国人和日本人参观"而将我拒之门外，尽管罗曼教授说"他是我的朋友"，但他们仍不允许我进入。说来也很巧，没过多少日子，爱尔兰根大学300周年纪念庆典上我正好遇到西门子的董事会成员卡迪阁博士。他一见有来自中国的客人，主动套近乎和我说："我们西门子公司自清朝就和你们有商业来往，现在我们也正为你们武钢提供成套的轧钢机，我们与中国有良好的关系。"我则对他说："前些日子我们全所参观你们在慕尼黑的光学研究所，非常遗憾由于我是中国人，就被拒之门外。"这使他非常尴尬，对他夫人说："怎么会有这种事？！"后他打电话给我所罗曼所长，并邀请我们到慕尼黑西门子总部，又表示要邀请我去参观他们的光学所。不久他派一辆高级奔驰车及一位工程师送我到慕尼黑光学所参观，有意思的是门口还写了横幅"热烈欢迎金教授来参观"，而且让那位原来拒绝我的副所长接待。

在爱尔兰根期间也发生了一些不愉快的事。一次，爱尔兰根市日报的记者要来访，我对记者访问有些畏惧，但罗曼教授说报社对中国态度是好的，我才同意，但请他们先给我一个访问提纲。记者来了后，因他不会英语，而我德语也不精通，于是请了我的朋友作为翻译。一上来他就问我："你为什么选择德国爱尔兰根来访问？"我说："因为爱尔兰根有罗曼教授，他是计算全息的发明人。"他接着又问："你是否认为西方要比你们的国家更好？"我说："西方的科学技术的确比我们先进，但就社会而言很难说。譬如前几天我就和这位朋友到市里逛逛，在街上就看到了乞丐，而在我们国家没有（当时真没有）。"接着他问我在德国待多久，我说"三个月"。访问后我要求他写好登报前一定要先把稿件给我看一看，他答应了。但这个访问一直未见报，直到三个月后按原定计划我应该已经离开德国的时候，报纸上突然登出"中国清华大学教授说西方比中国好"，而且写了我的名字，我看了后极为惊讶。他以为我已经回国了才刊出，其实我又延期了。为此我给报社写了一封信，要求他纠正错误。我说我的朋友在场翻译，可以作证。报社先送我一本画册，但我说不行，他们为了政治需要编造新闻就一定要道歉。来回折腾一阵，最后他才同意将我的信全文刊登。

3. 开辟国内"光学信息处理"学科

回国后，我校邀请了罗曼教授和维格特博士来华讲学。这是我国第一次讲授"光学信息处理"课，全国三百多位教授与科技工作者参加。当时大家的英语都不太好，因此由我和戚康男两人做翻译，从此我国"光学信息处理"的教学和相关研究工作开始起步。

此时我仍继续做"计算全息"研究，并指导一名硕士研究生的论文工作。他为218厂做了一台利用计算全息检测光学透镜的仪器，并与上海光学仪器厂一起研制了"利用计算全息制作凹面光栅的方法"，该项目获得了国家科技进步三等奖。他和我一起写的《计算机制全息图》是国内第一本此类专业书籍。

国家"863计划"启动后，在信息领域设置了"光计算"项目。由于我是第一个到国外学习过此内容的，因此率先获得了此项目。对"光计算"，我认为光的特点是并行性高、速度快，不受外界电磁场影响。但目前空间光调制器转换速度还不够快，再加之计算后的精度不够高，因此在灵活性、精度上仍不能和数字计算机比拟。但是我总感到，将光学处理与数字计算相结合是一个很有前景的方法。为此我们做了景像匹配器，就是先由光学相关做粗匹配，后用计算机去做精匹配，得到了很好的结果。

4. 进入"二元光学"新领域

在做光计算项目中，需要发挥光的并行性。这时我发现一种叫"二元光学"的达曼光栅很有用，深入学习后感到"二元光学"完全建立在衍射光学的基础上，并可用微电子加工工艺来制作微光学元件，的确是一个新的领域。因此就领导我们的科研小组对"二元光学"进行研究。我们也邀请率先提出"二元光学"的麻省理工学院教授威尔德坎普教授来华讲学。我们研制出光束分束器——达曼光栅，做出5×5、25×25寸分束器、微光学透镜阵列、光束整形器、滤波器等元件，获得国家科技进步三等奖，并撰写了全国第一本《二元光学》专著。

三、社会兼职

1. 国家自然科学基金委员会——开创与国外大企业合作先河

1993—1995年，我任国家自然科学基金委员会副主任，分管材料与工程科学部、财务、重点实验室和成果转化等工作。在组织国家重点实验室评估检测时，遇到美国著名的三大汽车公司之一福特公司的丹尼斯·舒兹勒博士。我和他谈起我们基金委员会也支持技术基础研究。而福特一直想调动中国科研人员为公司的研究做出贡献，特别是具有应用前景的研究。经舒兹勒博士联系，福特研究院非常支持，于是在1993年10月28日基金委与福特汽车公司签订了"福特–中国研究发展基金"协议，从而开创了我国国家自然科学基金与国外大企业合作的先河。我主持了这个项目并担任管委会主任，规划了实施管理和制度。

该基金从模式上与自然科学基金截然不同，重点是支持技术基础和应用研究。在合作方式上发挥双方各自的优势——福特投入现金，中方则投入人力资源和相关支撑条件。在管理模式上考虑中国的实际情况，调动各方面的积极性，吸收了科技部、中国科学院和机械联合会等有关部门参加管理委员会。在项目组织实施上，按照双方确定的资助领域和项目指南，由中方受理中国科技人员申请，按基金委程序进行初评，遴选的项目再由中美专家进行复评。

该基金的宗旨是支持中国的大学和科研机构从事与汽车工业有关并且双方共同感兴趣的研究项目。福特公司先后投入170万美元，在代用燃料与混合动力系统、计算机辅助设计、汽车制造与新材料、汽车排放系统控制与环境保护、车辆动力学的测量与模拟、汽车电子系统等方面先后资助了40个项目，资助强度高于当时的面上项目。基金项目由中美双方专家进行评审，从而提高了学术质量。受资助项目每年要进行进展情况交流，促进不同领域研究人员创新思想的交互碰撞。该基金的实施，取得令人瞩目的成绩，为我国汽车工业的发展与人才培养发挥了显著作用。

2. 中国工程院——推进科学普及与学术交流

1994年，中国工程院成立，我被选为工程院首届院士。作为工程院出版委员会副主任，我负责编辑出版《中国科技前沿》系列丛书，任期内共出了13本。在这里特别要感谢刘静同志，她认真负责，为《中国科技前沿》的出版发行呕心沥血，功不可没。

我是信息电子学部的院士，曾一度做过学部副主任，负责学术交流工作。曾组织学部内部学术交流和两院学术交流的部分报告。我由学部推荐至工程院主席团，连任两届主席团成员，参加工程院的领导工作。2000年，经学部推荐获得"中国工程科技奖"（后称"光华工程科技奖"）。

2010年，我成为资深院士后经工程院推荐任两院资深院士联谊会副主任。两院资深院士联谊会是根据中国科学院、中国工程院资深院士特点，为我国经济社会发展和科技进步建言献策的咨询机构，本着"老有所为、老有所学、老有所教、老有所乐"的精神，充实、丰富、跟踪资深院士的生活，构建资深院士活动的平台，了解资深院士的需求，做好资深院士的服务工作。围绕科技、经济和社会热点问题，开展了多种形式的咨询调研工作，如我们曾开展过"三农问题""教育改革""微电子产业"的调研和咨询，对科技热点问题进行过研讨，如"科学诚信""能源问题""长江资源研究""稀土资源的开发与利用""核能的应用""新时期科技体制改革""转基因作物"等。组织与中学生的面对面交流，言传身教，讲述科学家的人生经历、追求真理的执着精神、科学道德修养，这对年轻一代树立正确的人生观、价值观具有重要的现实意义。此外也组织资深院士对农场、工厂进行考察，如华威电子、成都飞机厂、西安飞机厂、中芯国际、华虹电子等。

3. 中国计量科学院——推进我国计量研究领域发展

计量作为当代经济发展的必要支撑条件，在社会经济发展中至关重要，可以说没有计量就无法进行现代化工业生产。王大珩先生一直非常重视计量工作，曾代表我国加入国际计量委员会，王老也常常带我参加计量院的多项活动。

为了能使科技界对计量院有所了解，我们于2001年组织28位院士考察了中国计量院，了解计量工作的现状。院士们深有感触，联名向国务院呈送了《面向21世纪社会和经济可持续发展的需求，加快建设我国现代化计量体系的建议》的报告，并建议由科技部牵头会同财政部、教育部、国家自然科学基金委员会和国家质量技术监督局提出加快建设我国现代化计量体系的具体措施。

此后我多次主持计量院科技项目评审与验收工作。2008年，为贯彻落实科学发展观、提高自主创新能力，计量院设立了中国计量科学研究院计量科学咨询委员会，并聘请我担任咨询委员会主任。

经与计量院领导商量，双方本着优势互补、共同发展的原则，充分利用计量院计量研究综合优势与研究条件，以及清华大学的智力、人才、信息优势，培养一流科研人才，创造一流科研成果，由计量院和清华大学精仪系、物理系共同建立了"精密测量联合实验室"。该联合实验室在频率标准、原子钟和绝对重力仪研究等方面已取得了许多重要成果。

4. 国际光学委员会——提升国际知名度与影响力

国际光学委员会（ICO）附设于联合国国际纯粹与应用物理学联合会（IUPAP），是联络各国光学学会的一个组织。现在有50个国家的光学学会和5个国际学会参加。

我是我国第一个接触ICO的人。我在德国爱尔兰根大学访问时，有一天，时任ICO主席罗曼教授将ICO秘书长弗兰克纳也请来，和我说"中国是一个大国，从事光学科学与工程的人很多，中国光学学会应该参加ICO"。翌年我回国就向中国光学学会理事长王大珩先生汇报了此事。王大珩先生组织常务理事会开会，一致同意要参加ICO。可哪知经了解台湾光学工程学会已经参加了ICO。此后我作为中国光学学会的外事负责人，不知给下一届ICO主席石内顺平写了多少封信，石内顺平也不知做了多少工作，最后台湾光学工程学会以地区性学会参加，这一问题才得以解决。1987年，ICO在加拿大ICO-14大会上通过中国光学学会为其会员，其后1993—1999年母国光院士被选为ICO副主席，2002—2008年我被选为ICO副主席。

我任职ICO副主席时，向王大珩先生建议争取ICO的大会在我国召开一次，先生非常同意并让长春光机所申请。2004年，时任长春光机所所长的曹健林率领有关人员前往委内瑞拉，向ICO理事会陈述条件与准备情况，会议同意2005年在中国长春召开ICO-20大会。为了办好会议，为祖国光学事业增光，我曾四次去往长春。在ICO-20会上，我任程序委员会主席，从主要外宾的邀请与接待到大会报告人的确定，从会场选址、来宾住宿安排到会后考察路线的勘查等工作，我都亲自主持与组织。

这次大会开得很好，参会人员1000多人，外宾150余人。更为引人注目的是美国加州大学教授、诺贝尔物理学奖获得者查尔斯·汤斯也来参加指导。王大珩先生不顾身体衰弱多病也为大会做了主旨发言。ICO主席团曾写信表示"这是ICO历史上最大、最成功的一次大会"。

四、对若干问题的个人看法

1. 关于教学制度

我从1950年毕业后就在学校工作，经历了不同的历史阶段。我在大学学习时，学校的教学制度基本上是学习美国的。在校学习完全是学分制，学生每个学期要选15~16学分。低年级必修课较多，高级的备选课往往设有先修课程，不修先修课程，不得选学此课。自选课程由学生自由选取。为了将来的工作有更多的机会，像我当时就选了"内燃机""机车设计""热工学""机械设计""机械制造"和"化工原理简介"。

1952年院系调整后，全面学习苏联。学生按专业学习课程。但苏联的教育体系是严格的，教学管理是严密的，专业订有教学计划，规定应学习全部专业课程。讲课需由教学小组通过教学的学时与教学大纲。老师讲课必须严格地完成计划的日程。而考试是采用口试制，学生考试时，先抽签，抽完自行准备半小时。口试时两个以上的教师听其答辩，老师不时再提问，最后给出成绩。当时的学制较长，是五年制。但我感到苏联的体系更重视实践环节，教学计划中就有"认识实习"一个月、"生产实习"一个半月、"毕业实习"一个月。每种实习的要求也是不一样的。认识实习是为了让学生认识专业，培养学生对专业的了解与热爱。生产实习要求学生以工长的身份处理生产中的问题，解决一些力所能及的技术问题。而毕业实习要根据毕业设计题目的需求去工厂进行调研和搜集资料。实践环节的另一方面是重视设计。像我们光学仪器专业的就要做光学设计、机械设计和仪器设计。

后来我又到英国做"高访"，了解到英国大学的教学体系。英国大学规定的是三年学制,加上在高中有一个A-level一年,实际也是四年。但在英国大学的课程主要是基础课和技术基础课,只有念硕士才能学到专业课。他们的专业课学时都不多,主要讲授基本原理及专业内容介绍,告诉你何处可查到何资料。我也在德国考察过他们的教育制度,他们理工科学制为五年,有一年在工厂实习,也很重视实践,最后拿到"文凭工程师学位"。

我曾于1991年在美国波特兰州立大学讲授一门暑期专题课。了解到美国的教学体系和我在大学学习时基本相同,全部采用学分制。我讲的这门课,本科生和研究生都可选,但要付学费,因此学生对做作业和考试都很重视。学生都认真做题交作业,很怕课程不及格,拿不到学分。其次是提的问题较多,比较活跃。我想学生思想活跃,启发创新是培养学生的基本要求。学生的诚信态度也比较好,做习题很少发现有抄袭的。更令我感动的是有一次我们期中考试,突然拉起火灾警报。我让大家不要慌,待我去探听是否真是失火了。我虽离开现场,学生仍若无其事地答卷,也并未出现抄袭或讨论。待我探明是一场虚报后,他们都按时交卷。这种诚信精神和不愿失去所应得的学分的态度更使我感到我们的教育如何育人、如何培养诚信精神、如何提高人的素质要比我们教的业务内容更为重要。

总的感觉,苏联与德国的工科重视实践环节,学制长,基础打得好。比较一下我们"文革"前的学生,我感到学生的外语水平差,虽学了不少俄语,但无锻炼机会,几年后没有用大多都忘记了,但实践知识学得多。不像现在的学生外语水平比过去要好,阅读不成问题,经短期训练就可在技术上与外宾交流。另一点是计算机运用较为熟练,愿意做数字模拟。这是他们的优点,但实践环节过少,学了光学设计,你问他

"这透镜是怎么做出来的？"他哑口无言。

我感到我们的教育制度仍受苏联的影响较大，苏联当时完全是计划经济，大学内专业分得很细，像现在的精密仪器、光学仪器专业在欧美的大学中都是没有的，只有研究生才会选此类有关专业，他们的研究生大多来自物理系或电机系，基础较好。

2. 关于研究生能力培养

我一直认为培养研究生最重要的是培养他们的能力，包括创新能力、阅读能力、写作能力和表达能力。学生做什么题目并不重要，不可能课题做了几年就成为此领域的专家，也不可能将来就一定继续做这方面的工作。但学生发表论文从培养能力的角度是必要的，同时让学生在国际著名杂志上发表论文也能表明他的工作具有创新性。著名杂志登载文章一定要看你的文章是否在原理、方法或技术上有所创新。只是描述了你做了什么工作，或者照葫芦画瓢有点改进，一般是不会刊登的。只有数字模拟而无实验结果的文章也是不会刊登的，对于工科的学生，一定要做出实际的成果。数字模拟是一种重要的工具，它可预知可能的结果。但你的模型或假设的边界条件如不符合实际，将导致你的结论错误，因此要有实验数据加以证实。学生做工程性课题，所做的设计一定要有理论根据。

研究生的阅读能力通过几年的锻炼肯定是能够提高一大截儿。因为研究生一定要大量阅读前人所做的工作并加以分析提炼，找出自己的研究方向。研究生被要求写一些文章，他的写作、逻辑思维、表述方法、文字简洁性均会有所提高。至于表达能力，我们要求学生经常汇报他的工作，就需要做PPT，要求在短时间内将自己的工作讲得让听众了解，这点我感到很重要。我经常参加一些国际学术会议，看到一些外国学生和学者的讲述真是引人入胜，而我国学生以前甚至将文章全部投影在屏幕上，照本宣科从头到尾念一遍，效果极差。有人说外国学生知道七八分，能讲出九十分，我想这是与他们的大学培养有关的。美国一些大学在研究生阶段有一门选修课叫Speech。我以前觉得又不是学法律、政治，这是为什么？后来了解到，课程内容包括如何做PPT，讲述时如何起承转合等一些技巧。我感到这种训练很重要，学生毕业后总要对别人讲述你的工作，不能葫芦中有货，像个茶壶似的倒不出来。

金国藩（前排中央）与学生们

3. 关于学术创新氛围

1989年，我得到英国皇家学会的资助去爱丁堡赫瑞-瓦特大学进行"高访"。当时美国提出"星球大战"计划，其中有个项目就是"光计算"。我打听了一下，德国爱尔兰根大学的罗曼教授就因想做"光计算"，而被学生及外界以要参加"星球大战"项目威胁而出走美国。但赫瑞-瓦特大学却愿做些"光计算"项目，他们正需要一个人做计算全息图，我因此获得资助去该校工作。我的目的是学习一下"光计算"，到了那里他们希望我给他们做计算全息图，并教他们如何做计算全息图，因此我给研究生和教师开设了专题课"计算全息"。

我在赫瑞-瓦特大学工作了半年，感到英国人与德国人很不同。德国人勤奋、按部就班，每天上班后并无茶歇时间。而英国人上午十点茶歇，下午三点半又有茶歇。系里有关人员凑在一起，聊天并进行学术交流，学术氛围浓厚。就是在这些漫谈中迸发出许多新思考、新观念。我想这也是为何英国学术创新成果和诺贝尔奖获得者比较多的原因。

我在英国去过剑桥大学、牛津大学、伦敦国王学院、伦敦玛丽女王大学、克兰菲尔德大学、帝国理工学院和国家物理实验室等处，收获良多。特别是参观剑桥大学卡文迪许实验室给我留下了深刻的印象。该实验室100多年间向世界贡献了25位诺贝尔科学奖的获得者，有人说他们是"诺贝尔科学奖的孵化器"。由于参观时正好有我的一个学生在那里工作，实验室主任还专宴招待了我。

为何这里能成为世界物理学家的圣地？我觉得一是他们不断找准研究方向，一旦选定在一定时间内相对稳定，如从固体物理转至凝聚态物理花了半个世纪。二是有一个很好的科学环境，争取足够的科研经费，建立了一个教学与科研相结合的体制。第一任主任麦克斯韦就鼓励学生自制仪器设备。牛顿的三棱镜、汤姆逊发现电子用的仪器至今仍留存在实验室中。三是善于把握机遇和创新，只有科学思考和成果积累到一定程度才可能出现创新。麦克斯韦培养学生的原则就是"最好让学生用他自己的力量去努力克服各种困难，老师与其把这些困难移开，不如鼓励和他们奋斗"。这种思想一直指导我对研究生的培养与教育。

4. 关于"敢为人先"

1985—1990年，我担任清华大学精密仪器与机械学的系主任。原副校长张维院士曾对我说："清华所处的地位，要不怕为人先。"这对我一生做事都有很大影响。

由于环境和条件所限，我们不能以体量大与别人相比。但我一直本着"有所为，有所不为"的原则，凡是要为的，一定要"为人先"。对待我们的教研组也是如此，因我们不能和浙江大学、北京理工大学的光仪系相比，但我们所为的如计算全息、体全息光存储、二元光学都在全国居领先地位。

1995—1998年，学校拟将机械类型的学科整合，发挥交叉学科的优势，在清华大学第一次成立机械工程学院并任命我为首任机械工程学院院长。当时正值学校组织和启动"211"建设项目，我积极听取各系意见，提出

工作中的金国藩

在我校CIMS工程中心的基础上，利用网络与信息技术将设计、制造与管理加以集成，以提高质量与快捷生产为目的，抓住分析、测试与控制环节，将相关系组成先进制造技术学科群进行建设。这一建议得到校长的赞同和支持。

5. 关于团队

现代科学技术高度进步，相关技术交错复杂，仅靠个人的聪明才智或个人奋斗很难取得像样的成果。我能有一点成绩，和我有一支富有创新精神且脚踏实地去干的团队是分不开的。

我刚到光学仪器教研组，就开展了"三坐标光栅测量机"研制工作。我是由精密仪器教研组转过来的，对光学一窍不通。特别是我们做光栅测量头部分，什么是光栅我都不知道。幸亏组内有邬敏贤教授和严瑛白教授，我们在一起学习并到上海光学仪器厂制作光栅，搭成测量系统。她们俩是我最初的助手和老师。后来我们三人成为这个团队的核心骨干，在学术上相互切磋，在方向上认真讨论，互相学习，取长补短，一起工作逾30年。随着年长一辈的战友相继退休或离去，现在一支生气勃勃、年轻有为的新的团队又拿起了她们的接力棒，奋勇前进。

6. 关于家庭

我有一个温馨的家庭，我的爱人段淑贞是北京科技大学教授、博士生导师，也是一位女强人。她毕业于清华大学化工系，是清华大学支援北京钢铁学院建校的教师。最初教授物理化学，后在冶金系下创建稀有金属冶金教研组，是北科大一级教授。在家庭中她是我的精神支柱，也是我的贤内助。她总是鼓励我奋勇拼搏，包括申请院士，一次不成，我曾想放弃，在她的鼓励下我才继续努力，直至成功。

在家里她为我做了一切，衣食起居处处为我创造了最优越的条件，几十年来可以说我们同甘苦、共患难。她为这个家庭付出了一切，受到业务、家庭双重压力，其艰苦可想而知。我取得的任何一点成绩都和她有关。老伴儿、老伴儿，一生之伴，现在我们老了，更能感受到她的纯洁善良、细心体贴。

3 陈星旦院士

▶▶

陈星旦,
1927年5月生于湖南省湘乡市,
应用光学专家,
中国科学院院士,
中国科学院长春光学精密机械与物理
研究所(简称长春光机所)研究员。

1950 年受聘到长春东北科学研究所工作，1953 年调至中科院仪器馆（今长春光机所）工作。20世纪五六十年代，在物理测量方面开展多项国家急需的开创性工作。1963—1964 年负责研制原子弹爆炸光辐射强度测量设备——"光冲量计"，在我国第一次及以后历次大气层核试验中均得到成功应用。八九十年代，主持短波光学技术基础研究。2000 年以后致力于近红外光谱仪器的研制及产业化。

►►

引　言

　　1962年的冬天，中国科学院长春光机所接到了两项和原子弹爆炸试验有关的任务，分别是"火球高速摄影"和"光辐射强度测量——光冲量计研制"。

　　原子弹爆炸试验是当时中国科研的头等大事，相关任务容不得半点马虎，必须由可靠的人选承担。时任长春光机所所长王大珩先生亲自承担了两项任务之一，而另一项任务则交到了陈星旦，一名年仅35岁、连大学都没怎么正经上过的助理研究员手里。

　　1964年10月16日，我国第一颗原子弹爆炸成功，"东方巨响"震惊了世界。这一成就集中代表了我国科学技术当时所能达到的新水平，有力地打破了超级大国的核垄断和核讹诈，提高了我国的国际地位。

　　陈星旦在时间短、任务绝密、无现成资料可循的情况下创造性完成的光冲量计，在我国第一次及以后历次大气层核试验中均得到成功应用，为核爆光辐射的杀伤力效应提供了可靠的测量数据，成为我国早期核试验中重要的光辐射测量仪器。

　　纵观陈星旦院士数十年的科研生涯，他组织开展过多个方向的研究工作：大气光学、短波光学、红外光学等，每一个方向都值得下大笔墨书写。

　　本期访谈录，我们选择了光冲量计作为落脚点。一方面，是因为它有着"中国第一颗原子弹爆炸试验"这一宏大的叙事背景，对国防科技发展具有重要的意义。更主要的，是因为以"光冲量计"为线索，可以让我们更好地读懂陈星旦院士的成长历程，并从中有所感、有所思、有所悟。

究竟是怎样的人生经历，让一个乡下的孤儿成长为一名独立、坚韧、自信的科学家？

这个故事，要从九十多年前说起……

一、童年

1. 大同博爱，孤儿不孤

1927年5月6日，我出生在湖南省湘乡市虞唐镇的一个村庄里。

那一天，母亲产后昏迷，可乡下地方周围多少里都没有正经的医院或医生。左邻右舍的人们都来帮忙，屋里屋外乱作一团。有人提议用声音唤醒母亲，于是大家有的喊、有的哭，还有的拿起锅碗瓢盆敲敲打打，可终究还是没能办到，母亲连看都没能看我一眼就走了。还是婴儿的我被丢弃在床角，没人顾得上，差点儿也跟着母亲一同去了。

也许是照顾我的情绪，老人们从不在我的面前提起她，所以关于她的事情我知之甚少，只记得母亲曾留下一张画像，画像中的她，很美。

父亲是一名军人，在广州服过役。我出生的那个月，湖南发生了马日事变，无数共产党员惨遭杀害。一年后，父亲也不幸遇难。

父母早逝，何其不幸；祖父去世也早，家中只有年迈的祖母和14岁的叔父，何其艰难。小时候，每当我听到那首《天伦歌》的前几句"人皆有父，翳我独无？人皆有母，翳我独无？"时，总会暗自落泪。

不幸中的万幸，我生在了这片乡亲有爱、邻里和睦的船形屋场里。

船形屋场是一座大瓦屋，住了十来户人家。祖母为人和善，好为人排忧解难，但凡力所能及之事，全部亲力亲为，在邻里中备受尊敬。乡亲们投桃报李，也是无微不至地关心我、爱护我。据说，我是吃过不知多少位阿姨的奶才被养活大的。大家的恩情，我没齿难忘。我也并不孤单，虽没有同胞兄弟姐妹，但有五位堂弟堂妹陪我一起成长，还尊我为大哥。

我不知道什么是父爱母爱，没有享受过委屈时躺在母亲怀里诉说和行事时倾听父母指点的欢悦，但也没有感受到太多的不幸，更未曾被冷落或歧视。此间种种，使我能走出孤儿的阴影，快乐、健康地成长。后来再唱《天伦歌》，我已不再沉浸于悲情之中，而爱唱后面几句："收拾起痛苦的呻吟，献出你赤子的心情，老吾老以及人之老，幼吾幼以及人之幼……大同博爱，共享天伦！"

"孤儿"这个身份对我的性格产生了深远的影响。我习惯于依靠自己，处理事情时好独行其是，常引人不满。这种习惯让我吃了不少苦头，但也塑造出了我的独立人格和坚定意志，让我不会人云亦云。

而最重要的一点是，"大同博爱"，成了我的宝贵精神财富，成了我始终不变的人生信条。

2. 大水冲走了我的"昨天"

我所居住的虞唐镇郭门塅船形屋场是家族的祖屋，陈姓人至少从六代之前就在这片依山傍水的鱼米之乡扎根了。附近十来座大大小小的屋场，住户几乎全部姓陈，还建起了一座"陈氏笃德小学"。

这些屋场陪陈姓人走过了近两百年，也许本还能继续走很多个两百年。人们都相信，屋场永远不会塌，家族也永远不会散。

然而在我4岁的那年，我们的船形屋场，却在顷刻不复存在。

虽已经是九十年前的事情了，可现在只要一闭上眼睛，我仍然能够清晰地看到那个画面。那天上午，雨水连绵不断地下了几天，雨势不但没有减轻，反而愈加滂沱。忽然之间，人们都朝着一个方向跑动了起来，不明所以的我，也被大人带到了后山上。回望屋场，只见大水汹涌而来。我被彻底惊呆了，回过神来，大水已经吞没了家族世世代代居住的地方，各家的床、桌、柜、椅随波而去，一会儿就不见了踪影。大水过后，留给我们的，只有一地瓦砾。

屋场倒塌，对家里来说无疑又是一场浩劫。盖不起像祖先留下的宽大瓦屋，也置不起几代人积攒下来的家私，但这些都可以徐徐图之，总有一天可以再来。可是祖辈的遗物被大水洗劫一空，这是再也不能挽回的损失。

长大之后，我不能从他们用过的物件或留下的片纸只字中寻觅他们在世时的足迹。例如祖父，族谱中说他"钦赐蓝翎五品顶戴"，可是究竟在何处做官，政绩如何，无从知晓。再如父亲，他在广东到底做到了炮兵连长还是营长，到底曾为哪个政治集团效力，到底是不是共产党员，我都没能找到确凿的证据。母亲唯一的画像，再也不知所踪。祖辈遗物的遗失是我巨大的人生遗憾，让我终于不知更远的人生来处。但让我欣慰的是，船形屋场一直留在了我的记忆中——尽管岁月如梭，却从未模糊。

近些年我回过几次家乡，近处的水塘、远处的小河、屋场废墟上建设的村落、族人和昔日同学淳朴的笑容，原来，这一切一经走入就再未远离。

长春光机所建所五十周年时，我曾题词："有昨天才有今天，从今天看到明天的希望。"

我的"昨天"被大水冲走了，可是"明天"的路，我还得坚定地走下去。

二、求学

1. 年幼聪慧

我的童年虽然坎坷不断，但求学之路倒是顺风顺水。

我4岁多的时候，一位常在一起玩的远房堂姐要去"陈氏笃德小学"上学，定要我陪她一起去，我就这样边玩边读起书来了。

学校的校长叫陈孝忠，是我刚出五服的远房堂兄，比我大13岁，我们私下里叫他"孝哥"，是我的启蒙老师。孝哥工书法、善丹青，学校里所有的标语都是他亲手写的。他教给我们这些小孩子很多东西，尤其是一些中国传统文化典籍，他会一点一点细心地解释给我们听、教我们背诵，很多我到今天都熟记于心。"孝忠"是"忠孝仁爱"之意，既是他的名字，也是他潜移默化中带领我们养成的优秀品质。后来他改名为"啸东"（本地方言中与"孝忠"同音），我觉得甚是可惜。

除此之外，我还有一位"家教"，那便是祖母。虽然她不识字，没有和我讲过什么大道理，但是却一直用行动引导着我。她一生勤劳能干，终日屋里屋外忙个不停，没人能在她莳弄的菜园子里找到一根杂草。我很多的生活习惯，大如与人为善，不好与人争高低；小如敬惜字纸，不浪费社会资源，都是受祖母潜移默化影响的结果。

那个时候，小学分为一至四年级的初小和五至六年级的高小。我就读的"敦化高小"离家很远，路上还要过河渡水，只能住校。还不到9岁的我便早早开始了独立生活。

六年级时，抗战爆发了。学都德的《最后一课》时，老师在黑板上写的"法兰西万岁"几个大字，真是让年仅10岁的我刻骨铭心。丧权辱国的悲痛和反抗侵略的意志，存在于课文中，更存在于正在被侵略的中国人心里。

小学期间，我的成绩一直名列前茅。当时县里唯一的一所县立中学叫"湘乡中学"，是一座历史悠久的学校，其前身"驻省湘乡中学堂"是毛泽东的母校。在我们农村，能成为"湘中生"是一件了不起的事情。而我不仅去了就考上，还得到了监考老师的当场表扬。叔父回到族中到处宣传此事，让我也滋生了不少骄傲自满之心。我一生读书自恃年少聪明，不甚勤奋，小时候乡亲们的过誉不无影响。

我原名"陟屺"。这两个字出自《诗经·魏风·陟岵》："陟彼屺兮，瞻望母兮。"意思是登上没有草的山，思念母亲。这名字一直用到高校毕业，考湘中时，老师帮我改了名字，我属"星"字辈，名"旦"，也许是出自《卿云歌》"日月光

60年后，陈星旦（左二）与几位初中同学重游东山书院

华，旦复旦兮。明明上天，烂然星陈"吧。

湘乡中学为躲避战争而多次迁址，其中有一阵子在东山书院。东山书院始建于清光绪年间，"枕山面野，环以大溪，缭以长垣"，环境优雅。也许是受到这里的熏陶，我在这儿萌生出了对文学的兴趣。

由于当年的大水，我家里只有两本还能勉强称得上是书的东西，一个是日历，另一个是家谱。也因此，我对二十四节气和亲戚的生日记得极熟。一位初中同学的家里藏书颇丰，我常借书来看，尤其爱读朱自清、冰心、鲁迅等作家的散文，看完便模仿着写，被语文老师赞赏作文进步飞快。差一点儿，我就走上了文科的道路。

2. 抗战时期的特殊学校

初中毕业后，家里已没有能力支持我再读高中，打算让我找个小学教书。那时的农村，能够读到初中毕业的已经不多，从全县最高学府——湘乡中学毕业的我，更是被乡亲们视为骄傲。

如果不是那个特殊的年代，我也许就会顺理成章地回家，当一个安安稳稳的教书先生，闲暇时写些散文或小说，就这样在小小的虞唐乡下待上一辈子。

有趣的是，命运往往不会按照预想的方向安排。

突然有消息传来，说在离我家不远的永丰，国民政府办了一个"中央技术科"招初中毕业生，学费全免、吃住全包，甚至还发制服费和零用钱，毕业后直接分配工作。

这种学校，对于我们这些农家子弟来说吸引力巨大，也是一根能让我继续上学的"救命稻草"。我毫不犹豫地报考，就这样成为一名电机科的学生。

"中央技术科"全名是"湖南省立高工兼办中央中等技术科"，简称"中技"，起源于1940年春，国民政府教育部奉上级令"指定全国优良职业学校办理中等机械电机技术科班"。那时湖南省立高级工科职业学校（简称"高工"）已从长沙迁到湘乡永丰的乡下，顺势便接办了这个技术科，在附近租了民房加以修葺，作为校舍。我们1941年秋入学的算第二届，我属电三班。

永丰距离长沙不到100公里。在抗战的历史上，1938年10月武汉失守，接着长沙大火；1939年9月第一次长沙会战；1941年秋冬接连第二次、第三次长沙会战。"中央技术科"就是在日本侵略军不停向湖南进攻的形势下，在接近前线的地方办起来的。我们在抗日烽火越烧越近的环境中度过了三年紧张而有序的学习生活。

在这种背景下，学校也多少染上了些军旅之风。早上六点钟起床号一吹，从床上爬起来就到大门口取下自己的名牌跑步上后山，把牌子交给山顶上的值日老师，算是晨练，然后早自习。这时操场上和周围山丘的小树林里，人头浮动、书声琅琅，实在是一道很好看的风景。晚自习、就寝和熄灯都是以号声为令，纪律森严，但大家也都自觉遵守、习以为常。

课业堪称繁重，一年级就要把普通高中三年的数理课全部学完，甚至还要学习微积分，为第二年的专业课打基础。专业课更是五花八门，比如我们电机科不但要学电信和电力的课程，还要学机械专业的制图等。那时上课没有固定的教材，只有简单的油印讲义，主要靠课堂上老师讲，我们记笔记，下课做习题。好在能够考入"中技"的学生基础都还不错，加之大多数出身于周边的农村，愿意付出辛苦、自觉努力。

此外，也多亏了老师高超的教学水平。校长是日本东京工业大学毕业，还有不少专业课老师也是日本留学归来，虽未明确要我们"师夷长技以制夷",但学生们心中或多或少都怀有这样的信念。八十多年过去,我对大多数老师的印象已很模糊了,但仍对两位老师记忆犹新。

数学老师是北师大数学系毕业,他的微积分课深入浅出,让我们这些初中毕业生也能够轻松理解。微积分学通之后,其他的理工知识便好理解得多。

物理老师毕业于武汉大学物理系,很年轻,却爱穿一身布长衫,他把物理概念剖析得十分透彻,让我课后做习题时只觉轻松顺畅。他的物理课,对我后来大学时选择物理专业不无影响。

从二年级开始,每周都有几个下午,需要翻过几座小山到工厂上实习课。实习的第一课就是锉一个铁方块,对六面八角的尺寸、角度、平整度要求都很高,用了几个下午方才完成;接下来是上车床以及钻孔攻螺丝,做一个完整的机械件;后来的电工实习,则是要求发电报、装卸小发电机或马达,等等。

三年级的时候,各种课余活动如读书会、讨论会多了起来。那时《中国之命运》正好发表,书的前半部讲中华民族的发展、讲不平等条约、讲国耻,填补了"中技"没有历史课的空白,大家读得津津有味;后半部讲建设,讲中国需要多少建设人才,特别是说全国青年必须立志当工程师,让我们这些学工科的学生大受鼓舞。受书中"全国有热血有志气的青年都有入团的权利和义务"内容的影响,包括我在内的大部分同学都加入了三民主义青年团。

"中央技术科"在接近抗战的前线兴办,在抗战胜利后消失。一闪而过的短短几年,虽然只招了四届学生,但在国家危难中为社会做出了贡献。我非常怀念它,一是欣赏国民政府在抗日的艰苦年代创办了许多学校,包括这样一个技术学校的眼光;二是感谢老师们在那种困难的条件下教学，爱护学校、爱护学生的一片苦心。

在那样的烽火岁月里，依然有一群中国人将家国情怀埋在心底，在周遭的枪炮声里安静地教书、学习，憧憬着未来的中国，为重建家园做准备。五千年历史的中华民族历经苦难而生生不息，何尝不是因此。

3. 逃难中磨砺意志

1944年5月，第四次长沙会战开始。据历史记载，这是日军侵华以来对地区使用兵力最大的一次进攻。6月19日，长沙失陷，学校解散。

家就在二十多公里外，但我却是有家不敢回，生怕当"亡国奴"便和几个同学漫无目的地逃难。《松花江上》和《嘉陵江上》这两首歌的情景，早已植根于心灵深处，终于也应在自己身上。

先步行到零陵，在当地师管区宣查队当了兵，做了两个月的抗日宣传工作。8月初衡阳吃紧，又得再往桂林方向逃。这时湘桂线上满是逃难的人，火车站散置着一节节车厢，里面满是前线下来的伤员，难民都挤坐在车顶上。我们好不容易爬上去，根本不知道车能不能开、什么时候开，只是听天由命。几天后到了桂林，又赶上第三次强迫疏散，正走投无路时，在火车北站寻到了正在往后方搬的利华橡胶厂。橡胶厂的经理是"高工"毕业，算是半个"中技"校友，就收留我们结队徒步去湘西。又走了四个月，到达了榆树湾（后更名怀化），在这里巧遇几位"中技"的同学，得知我们这些毕业生已经得到了分配，终于算是结束了逃难的生活。

半年的逃难路上，比起身体上的寒冷、饥饿、疲劳、病痛，更让人难以承受的是背井离乡、流离失所引起的茫然和无助。庆幸的是，一路上同胞们都能互相帮助、互相扶持。每一个我遇到的陌生人，都对我充满了善意，让我更加坚定了"大同博爱"的观念。以至于我在后来的人生里，都不喜欢与人争斗，而是怀着"众生皆善"的信念与人交往。

与"中技"的缘分至此告一段落。那几年，是我求学生涯中经历最丰富、对一生最具影响和最值得回忆的几年。一方面，我亲身经受了抗战的洗礼，打下了对侵略者仇恨的烙印，激发了对民族、对国家兴亡的责任感；另一方面，也引导我跨入了学理工的门槛，奠定了我一辈子为社会的科技进步而工作的基础。

4. "万世师表"，一生受用

抗战胜利后，我复员回到了阔别一年半的老家，家里人均是惊讶不已。我在老家当了一个半学期的小学教师后，顺利地考取了国立师范学院（简称"国师"）。

"国师"于1938年建立，是后来湖南师范大学的前身。由于读的是"中技"而不是普通高中，我入学考试时物理、国文很好，化学、英文则很差，于是选择了物理专业。

读"中技"时我曾立下宏愿要"致力于中国工业发展"，而入"国师"时则变成了"想当老师教一辈子书"。说来惭愧，之所以有此转变，原因无他，只是因为家里无法支撑我去读综合性大学的电机系，而师范生则可以免掉学费。

在"国师"的前两年，时局较为稳定，尚可以专心念书。二年级时，我因在"中技"打下的基础，电磁学和微分方程两科拿了高分，获了教育部颁发的"安良奖学金"。二十几年后的"文革"期间，有人从记录里翻出这段，臆断说这"安良奖学金"必是因"除暴安良"而得的政治性奖学金，把我好一顿批斗，真是滑稽，殊不知这是宋子安、宋子良两兄弟出钱设立的奖学金。

在"国师"读书期间，所修课程除本专业相关外，还修了"理则学（即后来的逻辑学）""教育心理学""法学通论"等。这些文科知识对修身、处世大有裨益。但我最大的收益，还是受到了"万世师表"的熏陶，让我一生受用。

造化弄人，后来我从事了科研工作，便不再有机会正经教书。虽然有机会招收研究生，还当了长春光机所的第一任研究生部主任，但是和在学校教书的"味道"还是不同了。

母校湘中一百一十周年校庆时，校长专程来长春要我题词，我思虑再三，写了"教书以爱为本，育人以德为先"几个字，既是对母校老师们的期盼，也表达了我曾作为一名老师的心声。

三、结缘东北、醉心科研

1. 踏进研究所的大门

1950年春天，临近大学毕业，东北招聘团来学校招应届毕业生，学校也允许理工科学生去东北做技术工作，权当毕业实习。这是一举多得的好事，理工科学生里一大半都欣然接受。就这样，我们一大帮学生被一火车拉来了东北。车上人多得挤成一团、动弹不得。

进入东北后，看到沿途烟囱林立，令我为东北工业的发达惊羡不已。车到沈阳停下来，住了一晚，得知自己的下一站是长春的东北科学研究所。

长春，研究所。一辈子的大事，就在那晚确定了。

东北科学研究所是当时国内少有的综合性研究所，学科门类广泛，涵盖物理、化学、生物、电机、土木、矿冶、机械等。我被分配到物理研究室地磁组，参加的第一个课题是"东北地磁变化的研究"。

过去我们读物理时，只知道地球有磁场，但是不知它竟然是会变的，更不知道地球磁场的改变意味着什么。现在研究这个"变"，从哪里下手呢？

组内以新招来的年轻人为主，看起来都和我年纪相仿。课题负责人是从北京地球物理所来的研究员，大概看我们都是新来的，没有对我们进行细致讲解，更谈不上分工。

多亏从小养成独立自主的性格以及"中技"的实习经历，让我有能力、也乐意从零开始去做属于我自己的科研。

既然自己不是搞理论的，那就从实验入手。于是，我选择了自己感兴趣的方向——"如何提高磁场测量的精度"一头钻了进去。缺少理论基础，就自己找书研究；缺少仪器设备，就自己想办法做；缺少实验平台，就自己动手去搭……慢慢地，我几乎靠自己运营出了一个麻雀虽小、五脏俱全的小型实验室。

做完实验后，自然要把结果和过程进行总结。1952年，我写了《钴磁钢及其热处理》和综述《磁性材料》两篇文章，分别发表在《东北科学通讯》和《电世界》上。

那时写论文尚未成风气，我算是个特例。不久，"思想改造"运动开始，批判"成名成家"的思想，我主动做了检查，从此也就不怎么有兴趣在公开刊物上发表论文了。

2. 走上了一名"应用物理学家"的道路

1953年，大珩先生从东北科学研究所调了一批人到仪器馆（长春光机所前身），我是其中之一。不知道是不是因为对我在东北科学研究所的研究成果有些印象，他分配给我的第一项任务就是领导一个课题组，负责"水平磁力秤"的研制工作。

研制整台仪器，对我来说是前所未有的、跨度极大的锻炼与考验。所幸我对磁场测量相关的知识熟稔于心，也多亏组内同事们以及工厂那边机械工程师的支持与帮助，终于在两年时间内完成了仪器研制并小批量生产，提供给探矿部门使用。这个项目还获得了中国科学院东北分院优秀成果奖，仪器被送到德国的莱比锡国际博览会展出。

1955年，仪器馆受国家计量局委托，开展计量基准的相关研究，我承担温度计量部分。我提出购买了国外最先进的测量仪器，委托有关单位研制了纯度极高的贵金属材料，建立了精密测量实验室。一年多工夫，完成了（0～1063）℃国际温标的复制。紧接着研制了辐射高温计，解决了当时东北许多企业对高温测量技术和仪表的急需问题。

1958年，"八大件一个汤"名震全国科技界。在此基础上，大珩先生提出"光谱仪器自动化"并要我主持这项工作。经征询国内专家意见，决定研制自动记录红外分光光度计。由此，我提出先行研究非球面、人工晶体、红外探测器及电子学自动化等许多新技术。这一举措，保证了几年后红外光谱仪研制的顺利完成，也让我又积累了不少关于红外探测器、红外测量等技术的经验。

1960年，长春光机所确定国防光学工程为主要研究方向，开展了一系列应用基础研究，我奉命组建大气光学研究小组，从北大、南大调来多名大气物理毕业生，正式开始关于大气光学的研究。1961年，净月潭观测站动工，大家一边亲自上山参加基建，一边在实验室研制观测设备，山上山下往返两年多，观测站终于得以建成。基于观测站和我们研制的补偿式能见度仪、激光水平透过率仪及太阳光谱测量仪等设备，我们获取到了大气能见度、大气激光透过率、大气垂直光学厚度等数据。这些工作持续了多年，所获资料为当时国内最高水平。研究表明，那个年代的大气质量状况极好，可见区的光学厚度仅为分子散射光学厚度的二倍。人们只知有雾，不知有霾。

现在回想起来，仪器馆成立的最初几年，是我们这些年轻科研工作者成长最快、效率最高的几

净月潭大气光学观测站的建设者们36年后重返故地

年：心无旁骛，不用考虑生活上的事，什么都有组织安排；住的地方和工作间很近，吃完饭就来到实验室，工作结束就回家睡觉；工作中不用为各种琐事发愁和浪费时间，行政各部门都把"为研究工作服务"放在首位，研究人员不用为了升迁去包装自己，作为商品推销自己……一心搞科研，"坐下来、钻进去"，怎么可能不出成果呢？

四、光冲量计的诞生

1. 重任舍我其谁

1962年，我国第一颗原子弹研制的关键理论研究和制造技术已取得

突破性进展，它的爆炸试验问题被提上了日程。

核试验是大型、广泛、多学科交叉的系统工程，当时负责试验工作的国防科委二十一所（核试验技术研究所）将所需解决的关键问题分解为上百个课题，在全国展开了一场科研、试验、技术和生产的协同会战。

12月下旬，大珩先生叫我们跟他去参加一场重要会议。在路上，他只字不提此行的目的，甚是神秘。到了北京的会议现场，我们才知道与原子弹试验有关。

在会议上，核试验负责人程开甲先生交给长春光机所两项任务，并对大珩先生说："我们的问题已经全部交底，光学测试总体方案怎么定，光学站如何布局，完全由你们定。"大珩先生经过思考并征求大家的意见，当场就说："火球的高速摄影由我负责，光冲量的测量由我所陈星旦同志负责。"

这句话对于没有任何思想准备的我来说，简直就如平地惊雷。从年龄上看，当时的我年仅35岁；从职称上看，我只是一名小小的助理研究员；从专业上看，同去的同事除我之外都是光学领域的专家。不管从哪个角度讲，大珩先生的决定都相当大胆。

不过，在我进一步了解了这个光冲量测量的具体任务需求之后，忐忑不安便化为了满腔热血。之所以如此，是因为我意识到了，我也许比其他人都更能胜任这个任务。

童年时养成的独立思考的性格、求学期间掌握到的扎实技术基础、工作后积累的专业领域知识以及仪器研制的工作经验……我身上的一切，似乎都是为这个任务量身定做的。

而这一切，也都被虽非吾师、却胜似吾师的大珩先生看在眼里。

2. 厚积而薄发

与原子弹有关的技术，对于当时任何一个有核国家来说都是最高军事机密。光冲量计作为光辐射强度的测量仪器，对于衡量核爆光辐射的杀伤力效应至关重要，自然也没有任何现成资料可以借鉴参考。可是研制光冲量计有太多的技术难题需要解决：这么强的光辐射用什么传感器接收？传感器如何定标？如何在实验室里模拟原子弹爆炸级别的强光辐射？爆炸现场的测点如何布置？数据如何记录、如何回收？

在设计光冲量计时，我最终完成了两套方案。第一套方案是比较传统的，也是二十一所的有关同志考虑过的，利用示波器全程测量爆炸过程中各时间点的光辐照度，绘制出整个原子弹爆炸过程的光辐照度曲线，然后对其进行积分。我认为虽然算是完成了任务目标，但是并不完美。这个系统依赖电源，而且必须要有专人现场操作，在"原子弹爆炸试验"这个实际应用场景下，就显得多有不便。

能否设计出一套不需要人操作，自己就能完成光冲量测量的仪器呢？

正所谓"它山之石可以攻玉"，我最终用磁学的方法解决了这个光学难题。用后来的话说，是运用了一些"跨学科交叉融合"的思想。

在磁学中，有一个概念叫作"磁通量"，指的是磁场在曲面面积上的积分，而"磁通计"就是专门来测量磁通量这个积分量的仪器。只要能够实现从光到磁的转换，就能利用磁通计直接测出积分后的数值，一举多得。电学里的"冲击电流计"也是类似的原理。

基于这个思路，我提出了研制第二种光冲量计：利用薄膜温差电偶式传感器，把信号从地面传给深埋于地下的磁通计。这套系统无需电源，能够实现光冲量的自动记录，不需要人现场操作，所以布点不受限制。

　　方案可行，但是光有思路是远远不够的。传感器由传感层、绝缘层和热沉这三个主要组成部分构成，每一层都涉及材料的选择、结构的调整，必须找到最佳的组合，才能够承受住原子弹爆炸所产生的 100W/cm^2 量级的光辐射，并且满足试验所需的大量程、快速响应等要求。

　　这是一个前所未有的挑战。为了寻找到隐藏在无数种可能性背后，针对原子弹爆炸这个应用场景的最佳设计，我们在一年多的时间里夜以继日地探索、试验，改变热沉的材料及体积、绝缘层的材料及厚度，调整灵敏元与补偿元的几何结构，解决过程中出现的例如信号慢漂移等问题，终于交出了一份满意的答卷。

　　当时除长春光机所以外，光冲量计的任务还被同时交给了其他单位，但最后还是选用我们研制的光冲量计作为以后历次大气层试验必上项目。

　　后来，有些科普作者写了不少有趣但是并不真实的内容，例如"陈星旦整夜没睡，绞尽脑汁也想不出什么好办法，直到第二天早上被耀眼的阳光照醒，突然从太阳里获得了灵感"。其实科学研究哪能全靠灵感？所谓的创新性想法，也都是在科研人员日复一日、年复一年积累经验的基础上形成的。

　　比如模拟光源，基于大气光学中的"太阳镜"装置，我在净月潭建立了大口径定天镜，改变反射镜面积和焦距并采用机械调制，可灵活自如地获得不同辐射强度和辐射时间分布，逼真模拟爆炸光辐射。后来该装置的全套图纸和实物调拨给二十一所。再比如对辐射照度进行定标，是研制红外光谱仪时打下的基础。当时这种技术在国际上出现不久，我们在极短时间内即研制成功，保证了测量数据的准确可靠。

　　有意思的是，研制光冲量计需要的物理和技术知识，都和我之前工作中独立承担的各个课题相关。如果当时只是干些重复性的工作，后来也不可能圆满完成这个艰巨的任务。

3. 试验成功，秘密深藏

1964年3月，二十一所在长春组织了鉴定，做出如下评价：

"1. 光机所研制的电阻辐射热计式光冲量计的传感元件是成功的。从理论上阐明了辐射热计灵敏度随频率而变化的原因，并基本上掌握了控制辐射热计时间常数的方法；试制出的电阻辐射热计样品的主要参数满足使用上要求。

"2. 光机所研制的磁通计式光冲量计，已经614试验成功。

"3. 光机所设计制造的太阳镜是成功的，它提供了一个稳定而且均匀的强光源。绝对辐射热计的制造也是很成功。上述两种仪器，适用于所研制的光冲量计在0～120 W/cm²范围的标定。

"会议认为光机所在光冲量计的研制工作中，获取的成绩是巨大的，鉴定小组对这些同志表示祝贺。"

鉴定会结束后，二十一所派来了几位实习人员，几个月后带走了所有的设备和资料，连一张草稿纸都不允许我们留下。

同年10月16日，原子弹爆炸成功，全国人民为之沸腾。虽然我本人没在现场，也没有人通知我光冲量计的试验结果如何，但是我对自己研制的仪器有着绝对的自信，所以心里只有欣喜和骄傲，并没有半分忐忑。

我不能和别人分享我的喜悦，就连妻子都不知道我在高兴些什么。关于光冲量计的一切，被我深藏在心底，有如大梦一场。

直到1988年，所里收到了一份二十一基地提供的试验证明：

"较好地完成了光冲量测试任务，为光辐射的杀伤力效应，杀伤范围，光冲量随当量、天气、距离和爆高等因素的变化规律等提供了测试数据。该仪器性能良好，能经受气候变化等野外条件的考验，为国防科研做出了贡献。"

虽然早已心中有数，但也的确是过了整整24年，我才终于得到了光冲量计顺利完成测试任务的确凿证据。

1999年，程开甲和王大珩两位老领导分别从意义和技术两个角度，对光冲量计的研制给予了很高的评价：

陈星旦同志于一九六三年受国防部二十一研究所的委托，研究、设计、制作并生产用于测量核爆炸过程中光辐射效应的仪器，即光冲量计。陈星旦同志领导并负责的研究小组，在时间短、任务绝密、无现成资料可循的情况下，依据任务要求，创造性地提出了两种类型的光冲量计，成功地用于我国第一次原子弹试验及以后的多次核试验，提供了精度可靠的数据，成为我国早期核试验中重要的光辐射测量仪器。

程开甲

1999年2月8日

光冲量计是由陈星旦同志负责研制的用于测量核爆炸光辐射的仪器。在研制过程中有多项技术创新：依据核爆炸的强光辐射和能量快速变化的特点，进行了受热和热传递（横向、纵向）过程的理论分析、计算和试验，成功地解决了大能量、宽量程、高灵敏度、快速响应等参数的合理关系和测量过程中温度漂移。

巧妙地提出了薄膜温差电偶-磁通计系统，用于测量、记录核爆炸光辐射的总能量。该系统无需电源，无需遥控，抗干扰，在核爆炸过程中自动测量，自动记录。

利用太阳为光源，采用定天镜-调制盘系统，建立了核爆炸光辐射随时间变化的模拟实验室，并研制了绝对辐射计进行强辐射定标。

提出了光辐射的大气衰减修正法，使放置不同距离的测量数据归一化。

陈星旦同志研制的光冲量计，成功地用于我国第一次原子弹试验及以后的多次核试验，提供了精度可靠的数据，主要创新思想都出之于陈星旦，为此在核试验中作出了重要贡献。我本人当时是长春光机所所长，对上述情况有详细了解，特此予以证明。

王大珩

1999年2月12日

1999年9月18日，国家召开"两弹一星"表彰大会。在大会召开的前一天，总装备部科学技术委员会为我们开了一份由程开甲先生签署的获奖证明，为这段往事画上了一个圆满的句号：

"我国核武器大气层试验的总体设计和组织实施"曾获1985年国家科技进步奖一等奖；"原子弹和氢弹的突破与武器化"曾获1986年国家科技进步奖特等奖，其中"核爆炸检测技术及设备"作为分项目同时获奖。在以上两项奖励中，核爆光冲量测试为重要内容之一。

长春光机所陈星旦等负责研制的光冲量计在我国第一次及以后历次大气层核试验中均得到成功应用，为核爆光辐射效应提供了可靠的测量数据。

程开甲

1999年9月17日

回顾我从事科研的七十余年，经历了几起几落。20世纪五六十年代，正值盛年，稍有成就；八九十年代，力不从心，事不遂愿。这固然是生命的规律，也离不开客观环境的制约。科研如同艺术创造，科研成果就是作品，与画作、雕塑、文章或是诗歌本质上没什么不同。科研成果得到社会应用，也能获得自我欣赏或满足，这是我搞科研的兴趣所在，当然也是作为一名科技工作者应该承担的社会责任。

年逾耄耋的陈星旦田园劳作归来

人生的道路是不平坦的，人生的轨迹是自己在有意或无意中走过来的。我已走到了人生的边缘，一些为人处世的道理到老了方能领悟一二，属于后知后觉者。我处的时代风云变幻，虽有些路是受环境驱使，但脚印毕竟还是自己走出来的。

年轻时很不自觉，浪费了很多日子。而那些年华，终究是一去不返了。

4 姜文汉院士

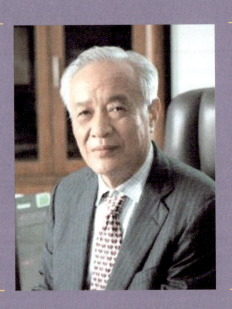

姜文汉，
1936年5月生于浙江省平湖县，
光电工程专家，
中国工程院院士，
中国科学院光电技术研究所研究员。

1958年毕业于哈尔滨工业大学铸造工艺与设备专业。先后就职于中国科学院长春光学精密机械与物理研究所、光电技术研究所。我国自适应光学的开拓者和奠基人，在自适应光学和光束控制两方面均作出了重要贡献。1979年在我国开辟自适应光学研究方向，建立整套基础技术并主持研制多代具有国际先进水平的自适应光学系统，成功应用于高分辨力天文观测、激光核聚变光束控制、光波大气传输校正、活体人眼视网膜细胞超高分辨力成像等领域，使我国在自适应光学领域的研究水平跃居世界先进行列。

▶▶

一、求学之路

1. 母亲启蒙我爱上科学

1936年5月，我出生在浙江省平湖县。平湖是杭嘉湖平原上靠近上海的一个小县城，地处杭州湾出海口北岸，紧邻当时的江苏省金山（后属上海市），是平原上的水网地带，也是十分丰饶富足的鱼米之乡。江南曾经广泛流传一首民谣："金平湖、银嘉善、铜嘉兴、铁海盐……"平湖能够被冠以"金"字排名首位，其自然条件和富庶程度显然是得到了大众的认可。

然而，在我1岁时，这里的美好面貌就因战火而全然不再。

1937年7月，日本侵华战争全面爆发。11月，日军从平湖县最东边的小镇金丝娘桥登陆，向上海和南京方向进攻。中国守军虽奋起抵抗，仍然损失惨重，金丝娘桥等地也相继失守。我外婆家在附近的新丰镇，整个镇子都被日军烧成了废墟，大火烧了整整三天三夜。

故土一片狼藉，我们全家被迫开始了逃难生活。先是乘小船逃到湖州附近，而后辗转来到上海租界，与舅舅一家合租了一套小房子，终于算是有了落脚的地方。然而，居住、医疗等条件都非常恶劣，我的一个哥哥和一个姐姐都患上了麻疹，在几天之内先后去世。

这一切，让我在孩童时期就深深尝到了家破人亡的滋味，也在我幼小的心灵中刻下了深深的烙印。它时刻警醒着我："唯有国家强大，才能不受欺负。"1945年日本投降，我虽仅有9岁，也是倍感欢欣鼓舞，喜悦之情久久难忘。

我的母亲自小家境殷实，是一个大家闺秀，为人温婉大方，在杭州进入学堂接受过新式教育，还在安庆等地当过教师，对教育方式有自己的独到理解，是民国时期最早的一批知识女性之一。

母亲中年得子，38岁生下了我。哥哥姐姐的去世，给母亲带来了难以释怀的伤痛，但为了我，她还是坚强地承受下来。在那个战火纷飞的年代，母亲竭尽全力呵护我成长，甚至在最恶劣的条件下，她也没有放松对我的教育。到我6岁时，母亲已经教我学完了小学一、二年级的课程，所以我能够直接跳入三年级学习并且游刃有余。

母亲一直教育我要学好功课，成为有用之才，在我上初中时即开始培养我对科学的兴趣。平湖县虽然靠近上海，但交通非常闭塞，到上海只能依靠小火轮，往返需要一天一夜。所以想要看到课外读物相当困难，但母亲还是千方百计地为我弄到了《中学生》《开明少年》等中学生读物。每次拿到这些难得的课外读物，我就会贪婪地阅读起来，完全沉浸其中。虽然对内容似懂非懂，但大自然的奥秘已经触动了我幼小的心灵。

儿时的情景仍然记忆犹新。夏天与母亲在院落里乘凉时，一起对照书上的介绍识别天上的星座，数数满天的繁星，时光平静而又温馨。母亲的启蒙教育在我心中埋下了探索真理的炽热火种，成为我一生科学追求的不竭源泉。同时，母亲坚强的性格以及豁达的生活态度也对我产生了潜移默化的影响，使我能够在遭遇苦难与挫折时坦然面对。

2. 在复旦中学打下良好数理基础

1949年7月，我从平湖中学初中毕业。由于当地还没有高中，我乘坐小火轮来到了上海读书，进入了向往已久的复旦中学。这所中学与复旦大学同时创立，历史悠久且文化厚重。我在感到眼界大开的同时，也深刻体会到了城乡教育水平之间的差距。我的初中阶段，正处于政局动荡时期，教学质量难以保证，所以并没有受到扎实的数理基础教育。高中一年级时，我的学业比同班同学差很多，尤其是数学和英语。庆幸的是复旦中学有很好的老师，同学们也很热情，学习风气也很好，我并没有感到彷徨无助。

班上有一批同学不仅成绩优异，而且乐于助人。我和大家共同学习、一起锻炼，相处得十分融洽。在这样良好的氛围里，我下定决心奋发努力、迎头赶上。利用几个寒暑假，我把当时能找到的几本知名数学教科书的习题都做了一遍。尽管有题海战术之嫌，但借此打下的扎实的数理基础却让我终身受用。此外，我始终没有放松对课外知识的学习。当时我最大的乐趣是到上海几条旧书店集中的街上去看书，一看就是半天。最吸引我的是《科学画报》，铜版纸精印的刊物，图文并茂。

1952年夏天，我参加了高考。发榜时，我和班上几名成绩优异的同学被另榜公布。我们被录取到了北京俄文专修学校，也就是当时的留苏预备部。

三年的高中生涯帮我打下了良好的数理基础。尽管高中学的都是较浅显的知识，但学会用数学的思维方法分析问题，是这一阶段非常大的收获。以至后来参加工作遇到大量实际的工程问题，我都能很好地适应并加以解决。

3. 在哈工大打好工程技术基础

1952年秋天，我满怀憧憬地来到了留苏预备部。能够去苏联学习先进的技术和经验是包括我在内的无数青年人的梦想，我为之不断地努力着、奋斗着。一年的学习时间很快过去了，结果却是我始料未及的。我被通知由于家庭出身问题政治审查没有通过，不能去苏联留学。

当时满心的期待落了空，很是失望。不过好在因为我成绩优异，学校允许我可以申请到国内任何一所大学学习。回顾这一年，虽然结果难以令人满意，但是过程仍然弥足珍贵。我既开阔了眼界，也更坚定了逐梦科学的信念。

1953年，正值中国"全面学习苏联"浪潮的高峰时期。哈尔滨工业大学（以下简称哈工大）被确定为全国学习苏联高等教育办学模式的两所样板大学之一，一切传承苏联的教学体系。为了弥补心中的遗憾，我毫不犹豫地选择了哈工大，北上来到千里冰封、万里雪飘的北国冰城哈尔滨，由此开启了为期五年的大学求学生涯。

哈工大以工科为主，被誉为"工程师的摇篮"。专业设置完全仿效苏联模式，根据实际的岗位需求有针对性地设置专业。毕业生能够实现按专业对口分配，到岗后可以比较快地适应工作要求。分配专业时，我响应号召选择了最艰苦的铸造工艺与设备，学习又脏又累的翻砂专业。

在办学、治学的过程中，哈工大逐步形成了"规格严格，功夫到家"的优良传统，在教学上始终比较严苛。以绘图课为例，只要绘图规范性稍差一点儿就必须重做。教学内容上包括大量的课程设计、毕业设计和工程实践训练，促进学生学以致用，使学生在走出校门时已经具备很好的工程实践能力。课程的考核也很严苛，主要课程通常采取口试的方式。学生进入考场抽取一张考卷，题目通常为两三道，但涉及范围很广。考生经过半个小时的准备，需要向主考老师陈述答案并接受质询。老师根据现场答辩情况直接评分，有时为更全面了解考生的知识掌握程度还会提问考题以外的内容。这种考试方式需要学生掌握所学内容的物理本质，对物理概念有清晰的把握并且能够融会贯通。掌握物理本质由此成为我几十年工作中的一个重要原则。

大学时期是我打好工程技术基础的阶段。虽然在以后的工作中经历了几次专业的改变，离原来的铸造已经很远了，但仍然感到大学里学的基础知识和技能还是很受用的。

二、主动适应国家需要，多次改变专业

1. 从"铸造"到"高精度加工"

1958年，我从哈工大毕业后，被分配到中国科学院长春机械研究所工作，从事压力铸造工艺和设备研究。我承担的第一项工作是到北京汽车厂与厂方合作设计1200吨大型压铸机。在两位老同志的指导下，我和另一位也是刚从大学毕业的同志一起承担具体设计任务。在3个月的时间里，我们两人加班加点居然完成了这一台大型压铸机主机全部的设计图纸。这不能不归功于大学中受到的工程实际训练。当然由于两人都是第一次做这么大的工程设计，问题一定不少。后来由于客观原因，设计完成的图纸没有投入试制，没有得到真正的生产考验。

1959年春节后我回到长春，又开始进行黑色金属压铸的研究。压力铸造生产的铸件由于精度高，后续加工量少，有很大实际意义，但一般只限于熔点比较低的有色金属。直接压铸钢铁的黑色金属，由于金属熔点高，对模具和工艺都要从头摸索。我们在老同志的带领下几乎每天晚上都在高频炉旁加班进行压铸试验。我的具体工作是测量钢水温度，经过一段时间的练习，我已能测量得非常准确，满足了试验的要求。虽然我们压铸出了手枪本体的毛坯，但由于模具损耗过大而未能投入使用。

1960年，中苏关系恶化，中国下决心自主开展尖端科技研究。为集中力量，中国科学院决定将在长春的机械研究所和光学精密机械仪器研究所合并，组建长春光学精密机械研究所（简称长春光机所）。我进入长春光机所的第一个任务是研制陀螺仪的宝石轴承。这是一种非常小的精密轴承，精度要达到1μm。这是我第一次改变专业，从原来研究的金属熔化、浇铸、凝固和成型转为亚微米精度的加工和测量。原来接触的是将金属熔液转化为零件毛坯，精度达到1mm就不错了，要研制出精度高于1μm的精密产品，唯有努力学习才能胜任。

为此我自学了精密加工工艺和精密测量，很快就掌握了研制宝石轴承的全过程。还提出了测量1mm直径小孔内壁表面光洁度的新方法，完成了研制任务。在工作中学习是效率最高的。

2.从"精密机械"到"光学机械"

1962年，长春光机所承担了研制中国第一台大型电影经纬仪的任务。这是一台口径达600 mm、重达几吨的精密仪器，而且要"一竿子到底"，就是要研制成产品直接交付用户使用。全所上下都没有经验，所里调我去参加设计任务，担任机械组负责人之一，具体负责方位转台的设计。这是我第二次改变专业，从精密机械转到了光学机械。

为此我又自学了应用光学、精度理论和概率论等基础知识。直径达几米的转台要求非常平稳，在高速和低速转动时不能有抖动。传统的机械传动都不能满足要求，而且当时也没有加工机械传动用的大型精密齿轮的能力。时任所长王大珩先生提出了采用摩擦传动的设想。但当时谁也不知道只靠摩擦力能否将重达几吨的经纬仪平稳地转动起来，并且不能有间隙。我接到任务之后设计了一台试验装置，通过试验证明了摩擦传动存在一定的转差率,即主动轮和被动轮之间的传动比不是常数。另外也证明了转差率的变化与驱动力成正比,在传动力小于极限负载力时不会产生打滑现象。通过试验消除了疑虑,摩擦传动在设计中得到了正式采用并且经受住了实际考验。后来发现国外以后研制的许多大型天文望远镜也使用摩擦传动。

方位转台的轴系精度是整台仪器精度的基础,要求旋转时转轴的晃动小于1角秒,但方位止推轴承的制造误差和变形对轴系精度的影响是尚未解决的问题。我经过分析提出了精度分析方法,设计了一套试验装置,用干涉方法测量了轴系晃动和零件制造精度的关系,并验证了分析结果。直径1m多的方位止推轴承表面的不平度要小于1μm,如何测量加工后轴承表面的不平度是一个难题。一般来讲,测量一个零件的不平度,需要用一个同样大小但精度更高的基准平面,但如何测量这个精度更高的基准的平面度,又是个更大的难题。经过仔细分析,我提出了一种自为基准的三点测量方法,不需要任何高精度的基准,很好地解决了平面度测量的难题,这种方法后来得以一直沿用。

1971年,由于三线建设的需要,我来到四川大邑县的深山里,参与建设新的研究所(即光电技术研究所的前身)。经过几年脱离科技工作的生活之后,重新有了工作的机会,我以满腔的热情投入新所的建设。最初,从事的多是与专业无关的基建工作,每周还有一天背土运砖的劳动,但是大家的热情都很高。两年多工夫就把新所建成,并且于1973年投产了。

到了光电所以后,我陆续承担了两种关键光学设备的研制。第一种是弹道相机。这是光电所承担的第一项独立研制任务。弹道相机是一种固定式、大视场的飞行弹道测量设备,为国内首次研制。所里把设计任务交给我负责,这也是我第一次独立负责整机设备的研制。作为负责人必须把握总体性能、协调各分系统的关系，这对我来说又是一个新的挑战。

我找到一份国外类似设备的详细研制报告，下决心将全文翻译出来。我与所里的一位同志合作，利用晚上业余时间进行翻译。历时1个多月，我们翻译了20余万字的资料。通过学习，对如何分析光学设备的总体性能有了比较深入的认识。后来进入设计阶段，常常需要工作到深夜，我就索性住在了办公室，画图设计到深夜，就在办公桌上摊开被褥睡觉。经过两年多的潜心攻关，研制成功了我国第一台固定式弹道测量设备并装备了部队。后来又陆续研制成功了两种不同规格的设备，成为光电所的第一批系列产品。

第二种是光刻机。1978年全国科学大会胜利召开，中国迎来了科学的春天。为改变我国集成电路制造的落后局面，党中央提出开展大规模集成电路的关键技术攻关。中国科学院安排光电所研制国内第一台光刻机——接近/接触式光刻机。我在第一台弹道相机刚刚研制完成后，就接到了新的任务。所里安排我负责这台光刻机的研制工作。这一次又要从头学起，从原来的弹道测量设备转而研制精度要求很高的生产设备。我和同事们通过两年时间的攻关，研制出第一台光刻机，圆满完成了任务。

我一次次面临巨大的挑战，每次都能够勇于接受、敢于尝试，最终战胜了困难。

三、开拓与发展我国自适应光学事业

1. 从"光学工程"到"自适应光学"

1977年，中国科学院组织制定科技发展规划，我也有幸参加了规划的讨论。当时国外光学界刚刚出现一个新的学科——自适应光学，我在规划会上提出了这个新的研究领域，最终被列入了规划。

光学系统无法克服动态干扰的影响，是几百年来没有解决的老难题。尤其是大型望远镜，其性能受限于大气湍流的动态干扰问题更为突出。自适应光学是实时测量—控制—校正光学误差的方法，可以克服动态干扰对光学系统的影响，使光学系统在动态干扰的环境下始终保持良好性能。由于光学波长短，光学干扰变化速度快，自适应光学在精度和速度方面都有严格的要求，难度很大。事实上自适应光学的概念早在20世纪50年代就已经由一位天文学家提出了，但由于缺乏技术基础，二十多年没有实质性的进展，直到70年代中期才开始付诸实现。

虽然自适应光学已被列入1977年制定的规划，但之后的两三年中，没有人开展这方面的工作。1979年，我在结束光刻机的研制后，就想是否可以开始进行这方面的研究。但是自适应光学是综合光、机、电、计算、材料等多学科的新技术，与我原来从事的工作有很大差异，不仅国内没有人搞过，国际上也只刚刚有几篇文献报道。做这样难度很大的基础性工作，很可能长期出不了成果而坐"冷板凳"，因而有一些犹豫。这时我得到爱人凌宁的坚定支持，她分析说："你知识面广，接受能力强，又肯下功夫，一定能够很快适应工作。尽管短时期内出不了成果，但是国家肯定是需要的，虽然有风险，为国家开辟一个新学科，冒这种风险也是值得的。"在她的鼓励下，我下定了决心。组织了几位同志，在所里支持下白手起家，正式开始进行自适应光学的研究。

1979年，我们组建了"自适应光学课题组"。成立之初，课题组除了我只有四个组员。但是成立当年，我们课题组就构建了第一个自适应光学试验装置。第二年，光电所成立了第八研究室，也是我国的第一个自适应光学实验室。由于光电所建在山沟里，工作条件很差，当时所里开始在成都郊区双流的牧马山建立新址，计划分批搬迁。由于我们是开展新的工作，所里决定让我们先期搬到牧马山。当时的牧马山是一片工地，原来这里是省军区的"五七干校"，只有一些用作养蚕、养鸡的平房。所里刚刚盖起三栋宿舍，道路是泥土路，一下雨就一片泥泞，只能穿高筒雨靴行走。我们自己动手把原来养蚕的平房进行改造，在墙上贴墙纸，地上铺一层塑料地板，没有光学实验平台就找一块厚钢板，下面垫上沙子做减震，中国第一个自适应光学实验室就这样开始运行了。

2. 成功应用于激光核聚变装置和天文望远镜

自适应光学在国内没人研究过，国外也只在起步阶段，我们如何白手起家？我确定了两条原则：一是坚持建立基础技术，由简单到复杂认真解决单元技术；二是尽量寻找应用目标，因为技术只有在实际使用中经受考验，方能通过不断发现问题得以改进，进而在使用中体现其价值。

经过两年的努力，我们的7单元线列系统实现了闭环校正。这是中国的第一个自适应光学系统，尽管非常简单，但是演示了自适应光学波前校正的基本原理。

当时中国科学院上海光机所正在构建"LF12"激光核聚变系统。这是一套庞大的激光系统，激光经过上百米的光路，将激光功率放大到1012W，聚焦于充满氘和氚的小丸，引发核聚变。系统中几十个镜面的制造误差，以及累计总长达几米的光学材料的不均匀可以积累很大的静态光学误差，导致聚焦面上光能发散，影响用激光触发核聚变的效能。

1983年，上海光机所的几位专家得悉我们在做自适应光学，就希望我们用自适应光学来校正"LF12"激光核聚变系统的波前误差。我们把原来研制的线列变形镜改为研制面阵变形镜，并研制出19单元的变形镜。因为校正的对象是静态误差，我们提出将通过焦面上针孔的激光能量作为波前校正的指标，采用高频振动爬山法控制原理进行闭环校正的思路。

两年后，这套校正系统与"LF12"装置进行联机，实现了对这套庞大激光系统的波前误差校正，校正后的焦斑能量集中度提高为校正前的3倍，这是全世界在激光核聚变系统中第一次采用的自适应光学系统。七年以后，美国劳伦斯·利弗莫尔实验室在国际会议上发表报告指出，他们的Beamlet激光核聚变系统中也使用了自适应光学系统，并在报告中说这是中国装置首先使用的"中国方法"。

姜文汉（左二）与自适应光学实验室的首批同事一起调试光路

与此同时，为实现瞄准天文目标的高分辨力成像观测，我们积极开展大气湍流造成的动态波前误差的校正技术研究。而校正动态误差的技术要求很高：一是自适应光学校正系统的空间和时间尺度要与动态干扰（湍流）的空间—时间尺度匹配，即波前校正器和波前探测器的单元尺度不能大于湍流的空间尺度，校正系统的带宽要大于湍流的特征频率，校正精度要达到十分之一波长，对可见光就是50 nm，时空频率要求极

高；二是探测从星体目标来的光学波前所能用的光能非常有限，要达到光子计数的水平。所以校正大气湍流的自适应光学系统，实际上就是一个几十到几百单元、几百赫兹带宽，以数光子的方法，探测和校正波前误差精度达到几十纳米的多路并行高速光学波前控制系统。

我们从简单的系统开始，先建立一套21单元自适应光学系统。采用动态剪切干涉仪做波前传感器，用一台口径300 mm的望远镜在所区几百米的室外光路进行大气湍流校正实验，1987年成功实现大气湍流校正，这是中国第一次实现动态波前误差的实时校正。1988年这一成果在《光学学报》上发表后，美国武装部队技术情报局将其全文翻译为AD报告。

1983年，中国科学院为了支持新技术的研究，经过专家组评议，决定给予我们自适应光学100万元的重点课题支持，我们就靠这一支持维持了六七年的研究。

3. 在"863计划"的支持下蓬勃发展

1986年3月到4月，我在北京参加了"863计划"的专家讨论，参与了"863计划"发展纲要的制定。在国家"863计划"中，我最初担任信息获取和处理主题专家组成员，以后又陆续担任领域专家委员会的成员和顾问，参与发展规划筹划和具体组织实施。此外还就发展战略、研究方向等向上级机关多次提出建议，得到有关领导的重视和采纳。在"863计划"实施中，有多个主题都对自适应光学提出需求，由于我们前期打下的基础，都获得了支持。从此我们的工作在"863计划"的支持下得到蓬勃发展。

1990年，我们研制的21单元大气湍流校正自适应光学系统，在云南天文台的1.2 m望远镜上实现了对天文目标的自适应光学校正，这使我国成为第三个实现这一目标的国家。之后我们对这套系统进行改造，在当

时东亚最大的北京天文台
2.16 m望远镜上，对星体
目标在红外2.2μm波段实现
了接近衍射极限的成像校
正，将该望远镜的分辨力
提高近一个量级。

　　上述系统的波前传感
器都是旋转光栅剪切干涉
仪，与之配套的波前处理

姜文汉（左一）向王大珩汇报工作

计算机是模拟网络构成的。剪切干涉仪的缺点是有高速运动部件，结构
复杂。为此我们开展了另一类波前传感器夏克–哈特曼传感器的研究。
在解决了传感器中的孔径分割器件——微透镜阵列之后，面临的一个问
题是如何将哈特曼传感器测量得到的信号转化为变形反射镜驱动器的驱
动信号。原有的算法是先根据波前传感器测量得到的波前斜率信号后算
出波前误差，再解算出变形镜驱动器的控制信号。我们经过研究发现，
没有必要先算出波前误差，可以根据波前传感器测量的波前斜率直接解
算出变形镜驱动器的控制信号，从而提出了一种新的算法——直接斜率
法。此法1990年4月在国际会议上发表，此后得到普遍应用。

　　测量大气湍流动态误差的哈特曼传感器需要每秒对波前误差测量
上千次，每次测量都要在下一次测量的周期内进行处理，因此要求波前
处理机具有很高的运算速度，通用的计算机不能完成计算任务，要根据
所用的算法研制专用的高速数字处理机。在解决了哈特曼波前传感器和
配套的数字波前处理机等难题之后，我们研制了新一代的天文目标自适
应光学系统，获得了分辨能力更高的天文目标图像，并进一步研制了专

门的自适应光学望远镜，陆续有多台投入使用。随着望远镜口径越来越大，所需要的变形反射镜的单元数也越来越多，后续研制了1000单元级的变形反射镜。

在激光核聚变光束控制方面，随着中国激光核聚变系统的发展，我们研制了多种自适应光学系统，并且校正对象从静态误差扩展到激光系统在工作时产生的动态误差。2011年，针对我国新一代激光核聚变系统，我们研制成功了口径达390×390 mm的可拆卸维修的变形镜和自适应光学系统。为我国大科学工程和新型高效洁净能源的探索做出了贡献。

4. 将自适应光学拓展到医疗领域

1997年，我们团队研制出一台校正人眼高阶像差并获取视网膜高分辨力图像的自适应光学系统。这是全世界第二个实现人眼视细胞级高分辨力成像的系统，设备体积仅相当于美国同类产品的十分之一，国际首次实现了人眼高分辨成像设备的小型化。经过几年的努力，我们还研制了自适应光学视网膜成像仪（AORC）、自适应光学视力训练仪（AOVC）、双眼自适应光学视觉仿真器（MAOVS）、人眼自适应光学-光学相干层析成像仪（AO-OCT）、人眼自适应光学-活体视细胞共焦扫描仪（AO-CSLO）等系列装置。上述成果的深入应用，为新视觉科学研究提供了崭新工具，同时为视网膜疾病和全身性相关疾病的超早期诊断提供了全新手段。

至此，我们的自适应光学研究主要向两个方向发展：一是适应国家大型光学工程的需要研制更大规模的自适应光学系统。这就要研制单元数更多的变形反射镜和波前传感器，运算速度更高的波前处理机，以实现更高的分辨力和探测能力；二是适应国家经济和民生的需要，研究小型化和低成本化的自适应光学系统，扩大自适应光学在医疗等领域的应用。

四、成就和荣誉中有你的一半

1. 克服重重阻力走到一起

我的妻子凌宁是江苏武进人，与浙江平湖相隔不远，算得上是江南同乡。抗战胜利后她随母亲一起投奔了在鞍山的姐姐。到东北后，凌宁先在大连大学预科乙班学习高中课程，后来进入哈工大预科初级班从头学习高中课程，通过刻苦努力，三年后从哈工大预科班毕业。1953年，以全5分的成绩升入哈工大本科学习。分专业时，同样响应系里号召，填报了最艰苦的铸造工艺与设备专业，我们就此成了同班同学。由于专业课学习、工厂实习、课程设计、毕业设计任务等比较繁重，我们各自忙于学业，没有太深的交集。

1958年，我们从哈工大毕业，一起被分配到了长春光机所，在同一个研究室工作。我们在工作中逐渐产生了感情，她认为我工作积极努力，能力很强，为人老实正派，值得信赖。但那时是讲究出身成分的年代，她的哥哥和姐姐很早就参加革命，哥哥牺牲在新四军抗日的战斗中，姐姐和姐夫是党的高级干部，她在上大学时就已经入党。而我家庭出身不好，在我们要确定关系的时候，遭到了领导和凌宁家人的一致反对。所里几位党员干部，都找她谈话要求与我划清界限。但她始终坚持自己的选择，把想法向两位党总支书记和委员进行了汇报，由他们请示党委书记，最终获得了批准。然后她把情况告诉了家里，之前一直反对的家人也终于同意。

在1961年五一国际劳动节前夕，她顶着很大的政治压力与我步入了婚姻的殿堂。婚后不久，就遇到了社教运动。运动中她因阶级立场不稳，成为被重点批判的对象。当时她正怀着孩子，反反复复写检查就是不能通过，直到孩子早产，在休产假期间仍需要接受批评。

2 度过"文革"时期的艰难岁月

社教运动尚未结束，"文化大革命"接踵而至。"造反派"用残酷的逼供手段，把长春光机所的几百人莫名其妙地打成"特务"。凌宁也未能幸免，同样被当成"特务"审查。将近一年时间，遭受多种非人折磨。她怀着对党的信念和对我的挚爱、牵挂，最终坚强地挺了过来。很多年后，王大珩先生向小平同志反映了光机所的这场"灾难"，在小平同志的关心下，长春光机所的这批冤案才得以彻底平反。

1968年，带着"事出有因，查无实据"的搪塞性结论，她终于可以回家了。紧接着我被下放到黑龙江北大荒农场进行"劳动锻炼"，与家人再次分离。之后又接到了新的通知，全家"上山下乡"。1969年底，我和凌宁带着两个老人和两个孩子，冒着东北三九时节的隆冬严寒，来到了吉林省长岭县的农村。住在老乡当年新打的又经过半个冬天已经冻透的土坯房里，条件虽然艰苦，但一家人终于团聚了。她以很大的热情投入"向贫下中农学习"的活动，带着浑身疼痛，积极参加各种农事活动，为生产队出谋划策，尽力想办法改变农村贫困的面貌。每天清晨挑着粪桶，挨家挨户收集肥料。尽管那时政治运动仍然不断，由于我们在农村这个"世外桃源"，总算也过了两年相对平静的生活。

3. 攻克自适应光学核心器件——"魔镜"

我的妻子不仅从生活上给我关爱，思想上给我鼓励和支持，而且用她的实际贡献——波前校正器技术为我的工作打下了牢固的基础。正如在2007年科学院杰出成果奖评奖会上专家所说的："自适应光学的原理大家都知道，但正因为他们掌握了关键器件——波前校正器，所以他们能够获得这么多成果。"

自适应光学系统包括波前传感、波前控制和波前校正三个主要部分。其中波前校正器有变形反射镜和高速倾斜镜两类。这种新型反射镜，一反传统光学镜面追求稳定不变保持高精度的传统，要在外加电压控制下能动可控地改变面形，而且精度要达到几十纳米，反应时间要小于毫秒。这是非常富有挑战性的任务，国际上把这种镜子称为"魔镜"。当时也只有一两家单位能生产，而且从产品到技术对我国严格封锁。我们的队伍组织起来半年后，还没有人敢于挑战，而要搞自适应光学，没有这种关键器件只能是纸上谈兵。

这时我动员凌宁来挑此重担。这与她原来的经历相差很大，她在学校里学的是铸造工艺和设备，工作后主要搞机械设计，对她来说研究波前校正器是全新的工作，一切都要从头开始。她理解我为缺少这一关键技术而着急的心情，毅然答应了我的要求，开始了研制波前校正器的艰苦工作。压电陶瓷是波前校正器的主要驱动材料，她从头开始学习压电陶瓷的知识，建立压电陶瓷性能测量设备，从众多的压电陶瓷型号中筛选出适用的型号。胶结也是必需的工艺，她深入钻研，做了大量试验，得到了合适的胶结剂配方。她学习光学测量知识，搭建了波前校正器性能测量设备。最终，她与同志们一起，经过反复摸索，建立起制作波前校正器的全套工艺和设备。

在研制过程中，我们遇到了许多难点，包括材料、结构、制造工艺和检测技术等许多方面。特别是在使用过程中更暴露出许多难以预想的新问题，她全身心地投入去解决这些问题，执着地思索，吃饭、散步甚至睡觉时都在想问题，寻找解决的方法。有的"点子"就是在早晨还没有完全醒来，处在似睡非睡的蒙眬状态下突然冒出来的。她顽强地做试验，失败了就改进，然后再做……经过苦苦探索，反复试验，终于解决了问题。遇到难题久攻不下而后取得突破时的喜悦心情是难以言表的，她说这是人生的最大乐趣。经过几年的努力，终于研制出我国第一块变形反射镜和高速倾斜

姜文汉与凌宁2011年金婚时合照，
共获中国科学院重大科技成果奖

镜，并且在自适应光学系统中闭环成功，取得波前校正的效果。

此外，为满足自适应光学新应用提出的新要求，凌宁在成功面前没有停止创新的步伐，不断地改进技术。随着自适应光学系统的发展，波前校正器技术也在不断上新台阶。1998年，她发明了一种小型变形反射镜。正是有了这种小型的变形反射镜，才可以将国外放置在整个3 m×1.5 m光学平台的系统，缩小到可以放在普通的计算机桌子上，为实现医学新技术的仪器化铺平了道路。

可以说，我在自适应光学研究方面的成就，一半应当归功于她。真的是"成就和荣誉中，有我的一半，也有你的一半"。

五、培养自适应光学后继人才，实现代际交接

1. 带领自适应光学团队发展

我经历了自适应光学实验室从零起步到艰苦创业再到蓬勃发展的阶段，见证了最初四五个人的课题组发展成为中国科学院重点实验室的艰难过程。我们实验室掌握自适应光学基础技术之全面，应用领域之广，在国内外仅见，被国外同行专家称为"世界规模最大的自适应光学研究群体"。自适应光学取得的成果背后是科研团队的不断磨砺成长。我作为团队负责人，和团队成员同心协力攻克了诸多科技难关。尽管一个个难题常常让我废寝忘食，但经过苦苦思索、日夜攻关之后终于豁然开朗的喜悦，比起任何物质的享受都要舒坦安然。

我特别注重营造开放的学术氛围以激发团队的创新活力，给大家充分发表想法和施展才能的空间。讨论的时候，我会认真地聆听，慢慢形成了一种开放的讨论氛围。讨论的范围涉及的学术面很广，碰撞出了很多创新的火花，我会鼓励大家大胆去实践和论证。

在20世纪90年代初，虽然自适应光学科研任务量饱满，但是受体制约束，科研人员待遇普遍不高。而当时市场经济繁荣发展，下海经商"钱途"更好，我们的几位年轻骨干也是跃跃欲试，还好及时将他们挽留了下来。这引发了我对人才培养的深入思考，此后出台了自适应研究室的"人才培养计划"，注重对核心人才的针对性培养，注重各个专业人才的均衡发展，注重对人才苗子的挖掘与培养等。从此提高了大家的工作积极性。

工作是要靠集体的努力来完成的，特别是我们这样工程性很强的研究工作。自适应光学是多学科的综合，包括光学、精密机械、材料、

测试技术、计算机和自动控制等许多学科，没有不同专业人员的默契配合和交叉融合不可能实现技术的突破。因此，我们在工作中提倡团队精神，要求互相配合，反对以邻为壑、互相封锁的作风。我们这些成绩的取得，无一不是集体努力的结果。

2. 将事业交接给年轻人

工作要发展，人才是关键。只有培养一批人才，才能后继有人，持续发展。我认为，培养人才主要有两点：一是要有一个适合人才成长的氛围，作为带头人首先不能嫉贤妒能，要形成平等讨论的学术氛围；二是人才主要在工作中培养，通过压担子使年轻人及早承担更大的责任。

我在培养年轻人时，会结合自身多年的科研经历，与他们分享自己的心得体会。

第一，创新是科学技术发展的源泉。我们刚开始自适应光学研究时，有关领导告诫我们说这项工作短期内看不到成果，而且可能应用面也不广（当时能想到的只是天文应用，而天文研究本身是基础研究，在当时不可能有大的支持），因此这是冷板凳的工作。我们也是做好了坐冷板凳的思想准备。但是我们经过几年不懈的努力取得了突破，而且很快就找到了应用。尤其是国家"863计划"启动后，几个主题都提出需求，并都取得了成果。这充分显示了自适应光学在大型光学工程、先进医疗设备等方面的巨大应用前景，并且对全所工作也有很大推动，一时冷板凳变成了热饽饽。我们发展自适应光学的历程，是一个独立自主发展高技术的过程。1967年美国首批公布的自适应光学文献，只有其原理性的讨论，完全没有解决工程技术问题的Know-How。我们这些完全没有留洋经历的"土包子"一点一滴地逐步攻克其关键技术，终于建立起具有完全自主知识产权的全套技术，并取得实际应用。我国还有若干关键技术受制于人，成为"卡脖子"的大问题。通过我们的这段经历更加坚定和增强了独立自主攻克"卡脖子"问题的决心和信心。我认为，我们有集中力量办大事的制度优势，又有中国人吃苦耐劳的特点，只要适当地组织起来，充分发挥科技人员的聪明才智，凡是人类可以做出来的，中国人一定也可以做出来，而且还可以完成别人没有的创造。

第二，主动适应国家和社会的需要，方能充分发挥个人的才能。我在参加工作之后，改了三次专业。从铸造到精密机械，再到光学工程，后来又到自适应光学，每次都取得了成功。我认为，我改变专业的过程就是不断适应国家和社会需要，调整自己工作方向的过程。国家和社会的需求是科学技术发展的推动力。一个人要想有所作为，必须适应这一需要，也只有这样才能获得必要的支持，才能有明确的目标，使自己的聪明才智有用武之地。这不是说不要个人志愿，而是要把个人志愿与国家和社会的需求紧密地结合起来。从全社会来说，各种专业都是需要的，但每个人所处的环境或所能争取到的条件是有限的，是具体的而不是抽象的，关键是如何把自己的专业和能力在这样一个具体环境中最大限度地发挥出来。人们常说一个人的成功，一是靠勤奋，二是靠机遇。我想所谓机遇就是国家和社会的需求，关键是如何抓住这个机遇，如何使自己的才能在具体的、现实的需求中找到用武之地。如果具有很好的才能而不去主动适应因形势变化而出现的新情况，只希望社会来适应自己而不是自己适应社会，那么成功的机会是很有限的。如果只是埋怨环境不给你发挥才干的机会，一肚子"怀才不遇"的牢骚而让时光白白流逝，到头来必将一事无成。所以，选择个人才能和社会需求之间的最佳契合点，使自己主动适应社会的需求，这是一个人成功的重要条件。

第三，不断学习，敏锐吸取科技新进展，才能跟上科技发展的步伐。要想能胜任工作，对于几度改变专业的我来说，必须付出加倍的努力。每次改变专业都要学习新的知识，这就要不怕辛苦，善于在实践中学习。在实践中提出问题，带着问题去钻研学习，比按部就班学习效率高得多。如果不是带着问题学习，学了常常不知所云，而带着问题学习，就能很快掌握其精髓。当然学习也要注意系统性，突破一点之后就要扩大学习内容，努力掌握这门学科的概貌以及同其他学科的关系。一个人如果墨守已经掌握的知识，不去更新和充实自己，已有的知识会很快老化，跟不上科技发展的步伐。一个人如果用同一项技术几年之久，没有用新技术来充实自己，这些技术肯定是落后的，也就失去了竞争力。这就要求科技人员要有广阔的视野和敏锐的洞察力。当年在闭塞的山沟里，我还坚持阅读新的科技期刊，看到美国光学学会会刊以专辑形式发布的第一批自适应光学文章，我就感到这是一个重要的新方向，可以解决几百年来一直困扰光学和天文界的动态干扰问题。本质上是光学和电子学的结合，正符合光电所的大方向，我就提出将此方向列入规划，才有了后续的发展。

2000年以来，自适应光学实验室已经形成老中青结合、以中年骨干为主的科技队伍。年轻人承担了科研和发展的重担，所有课题的负责人都由中青年骨干担任。鉴于这个团队新人辈出，年轻人已经挑起大梁，发展形势很好，为了使年轻同志充分发挥作用，我决定主动退居二线。2014年5月，我宣布下列四条：不再在任何课题中挂名，不再在任何奖项中挂名，不再在不是自己写的文章上署名，不再招研究生。我这样做的目的，是主动给年轻人创造发挥才能的条件，促进完成代际交接。我深信，充满智慧和拼搏奉献精神的年轻一代，一定会将团队开创的事业继续发展下去，取得更加辉煌的成绩。

5 苏纪兰 院士

苏纪兰，
1935年12月生于湖南省攸县，
物理海洋学家，
中国科学院院士，
自然资源部第二海洋研究所研究员。

1957年毕业于台湾大学，1961年获弗吉尼亚理工大学硕士学位，1967年获加州大学伯克利分校博士学位。先后任教于纽约州立大学布法罗分校及佛罗里达大西洋大学。1979年回国到海洋二所工作。长期致力于中国近海及河口海洋动力学研究。1986年起作为中方首席科学家主持为期七年的中日黑潮合作调查研究，系统研究了黑潮对中国近海环流的影响。此外还联合我国台湾海洋学者对南海多次进行海盆尺度的同步配合调查等。1991年起与渔业海洋学家共同推动我国海洋生态动力学的发展。对我国近海及河口海洋动力学研究作出了重要贡献。

一、求学经历

1. 兵荒马乱中好学不辍

我1935年12月出生于湖南攸县。父亲毕业于黄埔军校,他是第六期,算是资历比较老的,不过他学的是通信,属于技术兵种。抗日战争期间,父亲主要在部队里训练通信兵,经常到不同的地方。母亲出身于书香门第,原在女子专科学校任教,婚后放弃教学,做了专职主妇,相夫教子。从一岁多开始,母亲带着我离开故乡,跟着父亲在大后方各地奔波,如云南、贵州、四川等。因为战乱的原因,我基本没怎么安安心心地上过小学,只跟姐姐一起在贵阳的时候上过一段小学。抗战胜利后,我们坐军舰从四川到了汉口,在那里落脚,我才有机会好好地上高小,上的是春季班。尽管如此,由于母亲的循循善诱、谆谆教导,我的学业并没有落下多少。其间还参加过演讲比赛什么的,好像还拿了名次,不过不是很高。两年以后毕业时,我在学校的成绩还是不错的,是属于保送上中学的。

2. 以优异成绩入学长郡中学

父母二人都是湖南人,认为湖南的教育较好。因此在我上初中时,就让我放弃在汉口保送上中学的机会,要我回湖南去考。父亲安排了一个当兵的把我送到长沙一个表哥那里。表哥又安排我渡过湘江,就住到长沙市橘子洲对面湖南大学一个办事处，让我自己去考试。那个时候我还不到12周岁，起床、去考场……都是自己照顾自己。当时考了两所学校，一所学校水平稍微低一点，另外一所就是有名的长郡中学。两所都考上了，我就去了长郡。那时候长沙有三所特别有名的男校。一所叫雅礼，最早是耶鲁大学美国毕业生来华办的，雅礼其实就是英文Yale的音译名。还有一所叫作明德，是有钱人喜欢的学校。再就是长郡，生源是来自全省各地的优秀学生，学费稍便宜一点。新中国成立后，这三所男校都曾被改名，也都招收女生，后来又都恢复了当初的名称。

我在长郡中学念了一年多，不到三个学期。第三学期开始的时候，时局已经很乱了，到处是各种各样的学生运动，像"反内战、争自由""反饥饿、反迫害"等。那时候学校里高年级也有共产党员，不少学生也组织游行。我的家庭是一个知识分子家庭，尤其我母亲那边，因为祖父是个秀才，所以亲戚中文化人多。在汉口的时候，我表姐、表哥经常带他们的朋友到我们家里，父亲这边也有很多朋友，既有左派，也有右派，大家就经常辩论。对我来讲，虽然当时不大听得懂，但听这种辩论还是很有启发和教育的。所以在长郡时我也要跟他们去游行，不过我们初中生全被教务长拦了下来，只得从另一个后门溜出去参与活动，虽然没能跟随大部队一起，但还是很兴奋的。

在长郡中学最后这个学期上了不到一半，学校教育已经运转不下去了，就停课放假。然后我就跟随一些同学，先坐火车到衡山，然后翻山越岭用两天时间徒步走到攸县。后来父亲也退了伍，带着一家回家乡准备务农。但他的一些军中老友邀请他一起去台湾办通信兵学校，父母仔细权衡后就匆匆忙忙带着全家去了台湾，只有四弟与六妹因为当时正跟着一位姨妈住在另外一个村里，没有跟我们一起过去。

3. 移居台湾，求学台大

父亲他们去台湾是准备重新建立一所通信兵学校。我们先在广州待了一段时间，大概是等筹建学校的人员都到齐了，就坐军轮去台湾。船的条件很差，也没什么独立的房间，坐船的人很多，都睡在大大小小各类舱室里，能够有一个角落安置就不错了。

到台湾后，刚开始通信兵学校校舍还没有落实，大家只得在基隆码头一个仓库中待了约一个月时间，最后上面安排去台湾东北的宜兰市落户。台湾岛上那时原有居民大概六百万人，而国民党去台湾的人数高达两百万。台湾虽然富庶，但要一下容纳这么多人也是困难的。当时我们的生活很艰苦，主食主要是美国援助的面粉和牛油，按照每家情况发放，因此没有饿肚皮的问题。母亲以前不会做面食，那时候就天天学着做，从早到晚我们都吃面食。

我在中学班上成绩还是不错的，大概就是前两名的样子。高中毕业考大学时，因为家里比较穷，我不想连累家里，就想考军校。父母给我做了很多思想工作，母亲甚至说就是打鞋底去卖也要供我念大学。高中的老师也对我讲了很多道理，最后我放弃了考军校的念头。

因为受胡佛大坝对美国经济贡献的影响，那时候我一心想学水利，也为台湾地区的经济建设作点贡献。考虑到修坝和发电分别对应土木和电机两个性质完全不同的专业，考大学时我就报了两个专业，一个是台湾大学的土木系，另一个是台南工学院（后来改名成功大学）的电机系。我的应试成绩还不错，两个都考上了。考试结果出来以后，我觉得工学院是以工为主，所以想去台南工学院。这时候我父母又给我做工作，因为当时台湾大学在台湾处于顶尖地位，相对来说更好一些。最后

我还是尊重父母的意见，去了台湾大学。

国民党败踞台湾时带去了一批著名学者，其中不少北大学者就在台大当教授，一定程度上继承了当时北大的学风。曾为北大校长的傅斯年自1949年1月开始担任台大校长，他的办学思想深受蔡元培"兼容并包、思想自由"观念影响，倡导为教育而教育，为学术而学术，同时努力践行"教授治校，学生自治"的基本原则，从而奠定了台大学术自由和自主的基础。1950年傅斯年突然去世后，接替他担任校长的钱思亮同样来自北大，大体上仍然按照傅斯年擘画的路线前进。由于台大"自由、独立"的学风，老师和学生们的思想都较为开放，能够平等地讨论问题。

进入台大以后很快我就发现自己不喜欢工程专业课，而更喜欢力学、数学这些理科型课程。大一时我一般不按学校安排的授课班去听课，而是自己去听讲得好的老师的课。另外我也比较喜欢看课外参考书，记得大二或是大三时，有门与力学有关的课，我用一个从参考书上看来的方法答题，这个方法教材上并没有，老师也没有教，不过老师知道这个方法，并且也接受了我用这个方法答题。

4. 远渡重洋，留学美国

1957年我从台湾大学毕业，毕业后先按要求服了一年半的预备军官兵役，之后又从事了半年与土木相关的工作，就赴美留学了。

那时台湾地区的留学潮还未开始，美国当时也没有那么多的奖学金，再加上家里经济条件也不富裕，所以我从没有想过要去留学。很巧有位父亲的年轻同事去美国培训，他在那里遇到我在宜兰念高中时的数学老师。当时她已经移居美国，大概觉得我是可塑之才，就让那个同事带话给我父亲，说是如果我想去美国留学的话，她可以借钱给我。就这样，从她那里借了一半学费，家里向友人另外又借了一半，这样我居然成为我们班上比较早留学的。

左：1959年由台赴美轮船上；右：1963年在普林斯顿大学

为了省钱，不少留学生都选择坐船去美国。坐船不仅是省了钱，同时因为错过学校开学时间，还能有半个学期的时间打工挣钱，可以贴补部分生活费用。船是客货混装，我们乘的那一趟花了大概四十多天才到美国，其间经过菲律宾各岛装货。那段日子我们这些年轻人感觉很放松，大家在船上聊天、唱歌，过得无忧无虑，很是开心，是人生中一段难忘的时光。

到旧金山下船，我和另外一个男同学又坐巴士到纽约去打工。在纽约长岛一家海滨旅馆里做了大概两个月刷盘子的工作后，我于1960年初去了弗吉尼亚理工学院。因为我不会做饭，所以到学校后一直住宿舍，和美国同学接触得比较多。我也在学校的食堂里找到一份厨房的工作，尽量不花带去的钱。秋季开学后我获得了奖学金，从此再也不用半工半读了。

在弗吉尼亚理工学院念的是工程力学，一年半完成硕士。然后我就去了普林斯顿大学机械工程系，主要是研究非牛顿流体力学。那时该学科刚兴起，需要从实验的或数学的角度来探讨本构方程的结构性质，然后再去求解。我们没有实验装备，做得很辛苦，后来就不愿意继续做了。我曾在航空科学系选过课，很喜欢此学科，就想换到该系念博士，跟该系的一位老师也都谈好了，他愿意接收我。最后我原来机械系的导师因为项目原因，不愿意放我，没办法我就毅然离开了普林斯顿，转去加州大学伯克利分校。

在普林斯顿大学的第二年结束时，我已经通过了博士资格考试。当时美国还不是科技最发达的国家，所以念博士学位时，还需要通过英文以外的两门外语考试，要求拿到文章能看懂、能翻译出来。我选了法文和德文。法文其实和英文高度相近，特别是科学方面学起来相对容易，我用了三个星期自学就考过了。我一看考过了，高兴得冲昏头，就找来一本以前看过翻译版的小说想试试看原文。小说是拉马丁的《葛莱齐拉》，讲的是一个很美的爱情故事，结果第一页都没有看完就放弃了。对法文来说，文学和科学的语言是完全不一样的。德文学起来比较难，我花了三个月才把德文考过。德文的好处是结构比较严谨，学完之后拿了德文书《茵梦湖》来，可以慢慢地欣赏着读。

离开普林斯顿后，我去了加州大学伯克利分校的机械系。这个机械系下设了多个专业组，包括自动控制、热力工程、材料工程、航空科学等。我是在航空科学组，跟随去之前就已经联系好的导师。同样也得先通过博士生资格考试和法文、德文考试，三年后取得博士学位，做的是稀疏空气动力学方面的问题。

5. 教研相长，志在海洋

我在伯克利的最后8个月做的是代理讲师，接着就去了纽约州立大学布法罗分校工程科学系。开始时的研究方向仍然是稀疏空气动力学，并且每周还在一家航空企业兼职一天（是合乎校方规定的），总的收入高些，但我已开始思考改变研究方向。美国学校经常请外面的人来做报告，我刚去伯克利时航空科学组邀请的报告是以航空为主，但很快就明显感到航空方面的报告少了些，而地球科学之类的开始增多。也听老师们谈起，虽然当时航空的经费支持仍然很充裕，但已开始缩小，而地球科学、环境科学等的经费正在增长。当时海洋科学还是一个新兴的领域，有海洋系的学校也不像现在这样多，于是在伯克利时我就逐渐倾向于去做海洋方面的研究。

美国大学一般都有一个学术休假制度，在学校里，每隔一段时间，可以申请一年左右的假期去别的单位工作，以学习或从事一些新的研究方向。1971年的时候，我就利用这个条件申请到一笔经费，去夏威夷海啸中心做了一年的研究。当时我们在布法罗有幢房子，每月要为此幢房子交贷款的钱，到夏威夷还要租房又是一笔钱，而经费资助部门是不管房租的，但可以报销家具托运费用，所以当时为了省钱，就把家具和杂物大都托运过去了。

1972年夏末，我利用学术访问期的最后一个月的假期回了国内，然后回到布法罗继续教书。1974年我转去了佛罗里达大西洋大学海洋工程系，在那里教海洋学的相关课程，1977年获得了终身教职，直至1979年回国。

二、历经十数载，终学成以报国

1. 深入了解美国，萌生回国想法

弗吉尼亚州是美国最初的13州之一，传统上属于美国的所谓"深南"州（Deep South），当地的种族歧视比较严重。记得刚到校注册登记的时候，其中有关于种族的一栏，它有两个选项，一个是White，一个是Colored。外地人一般会认为是指白人和有色人种。我们是黄种人，所以我就在Colored那个选项上画了勾。结果管登记的老师看看我后，把我填的划掉，改在White这栏勾上。原来在美国，Colored特指的是黑人，其他人都算为White类。当然并非不歧视其他人种，只是那时我们不属于主要矛盾，否则历史上不会发生排华、羁押日本人等事件。

那时，美国南方各州在公共汽车、饭店、酒吧等公共场所，都实行种族隔离制度。比如公交车上都有一个隔离带，白人坐前边，黑人坐后面。黑人多的时候他们有时会把那个隔离带往前移一移，但白人坐得很多的时候他们却不会主动把那个线往后移。自来水龙头也有两个，上方分别标有Colored和White，不能混用。

弗吉尼亚理工学院的奖学金是9月开始，因此1960年暑假我又出去打工。这次是到新泽西，是在宾馆的餐厅里，不过不再刷盘子，改做busboy（收盘子服务员）。我经常和客人聊天，其中不少是犹太人，听他们说以前这里是不让他们来度假的，后来犹太人有钱了，就把这里都买了下来，情况才变的。

美国是一个复杂的社会。虽然从群体上来看，美国人的思想偏保守，社会上也有种族歧视的传统，但是美国人开朗热情、爱好亲自动手，文化上讲究自由、尊重个人选择、崇尚创新，容易让外人产生好感。

在普林斯顿时的同寝室室友是犹太人，我经常跟他一起聊天，了解了很多事情。他那个时候就曾协助黑人争取民权，比如当时南方餐饮店的柜台是不对黑人开放的，他们一些白种学生就陪着黑人一起去（叫sit in），要打破这个歧视性规矩。遇到激进的白人时可能还会挨揍。因为主要采取和平方式，他们也不能还手，只能忍着。他跟我诉苦，说实在太辛苦，尤其要他不还手真太难了，后来他就退出了sit in运动。

我在美国求学期间，正是美国民权运动高潮时期，最后于1964年通过了《民权法案》。这个法案对美国是有深远意义的，因为除了种族外，它也涉及宗教、性别等。它的延伸同样可以覆盖到年龄歧视，所以经过争取，后来美国普遍取消了退休年龄的规定。

美国大学当时禁止在校园表达政治观点或开展政治活动。我一到伯克利，正遇上校内学生在开展言论自由抗争运动（Free Speech Movement，FSM），要争取在大学校园内的言论自由及学术自由。FSM历时半年，得到大部分学生和教师的支持，最终取得胜利，校方也换了领导。FSM的理念很快传遍美国各大学。

事实上，FSM上承美国的民权运动，下联后来的反越战运动。越战早期阶段美国实施募兵制。后来越战打得时间太长，兵源不足，就改成征兵制了。那时候每个人身上都要带一个兵役卡，万一你的号码被抽中了就得去服役。我那个时候虽然没有入美国籍，但已经有了永久居留权，也得随时带在身上以防查看，虽然我从未被查过。

总体说，实施募兵制时，越战对美国的中产阶级，包括大学生的影响是不大的。但由募兵制转成征兵制后就开始影响到中产阶级，甚至有的青年还逃到加拿大那边躲兵役。大学里经常有各种反越战、反征兵的游行示威活动，其中还发生过国民警卫队开枪打死示威学生的事，闹得很大。

我没有参与过这些运动，但伴随着这些运动，美国社会中自由主义的辩论和社会主义的呼声对许多港台留学生都有所触动。我也开始去思考、认识社会主义，去了解新中国，渐渐地就有了回国的意愿。当然，那时正值"文革"期间，我并没想在伯克利毕业后就立即回来，而是希望先在美国工作一段时间，等待合适的机会回国。

2. 参与保钓运动

1970年，美国把琉球群岛的管辖权交给日本，等同于把钓鱼岛"送"给日本，这激发了在美的港台留学生的愤慨，保钓运动在北美和西欧如火如荼地展开，组织多次游行示威，抗议美日勾结。当时在欧美的留学生都主要来自台湾地区和香港地区，而运动的主体是台湾地区留学生。

布法罗城参与保钓运动的老师及夫人们于2015年重聚于杭州

那时我正在纽约州立大学布法罗分校教书。1971年初大纽约地区举行保钓游行时，布法罗城也有留学生参加。国民党当时在留学生里也有党小组，他们迅速压制这些运动，同学们很气愤但束手无策，这反映在台湾地区那时普遍存在的白色恐怖也渗透到留学生的生活圈中。那时在我们大学中有几位和我年龄差不多相对年轻的老师，我们对政治比较敏感，和学生的关系也比较好。当学生向我们告知有关这个运动被国民党压下来的情况时，我们三位年轻老师就和学生说，我们支持你们继续开展这个保钓爱国运动，并且加入了他们的行列。布法罗城的保钓爱国运动就此继续开展，还积极参与了1971年4月10日的华盛顿大游行，当时布法罗城大概有四十来人参加，是包了一辆大客车去的。

3. 初次回国访问

有了以上经历后，我已经想到是该要回国了。但当时中美尚未建交，所以我1971年秋季在夏威夷开始做访问研究时，就给在加拿大的中国大使馆写信表明回国的意愿。那时布法罗系里刚刚告知我，说已经通过我晋升副教授之事。可能当时国内还比较乱，所以开始时大使馆没有正面回答我的问题，只是拖着。后来尼克松访华后，中美关系开始解冻，大使馆就建议我先回国去看一下。我很高兴地申请了回国内访问的入境证，终于在1972年夏末通过香港进入罗湖。

申请回国访问时我就表明想看看留在国内的弟弟妹妹，广州接待单位给我开了介绍信，就让我一个人回家了。一路上没什么问题，我穿的衣服稍微现代化一点，除了住宿时要看介绍信，没人看出我是个侨胞。当时中国虽然很穷，但老百姓们都善良热情、生活环境简陋整洁、社会一切安全有序，给我的印象很好。回家看到弟弟妹妹是我最难过的。妹妹大概只是高小毕业，弟弟连初小都没念完。妹妹家里基本是赤贫，虽然对此心里早有准备，但真正看到的时候还是受到很大冲击，离别时我泪如雨下。

到北京赶上访问团，参观了一些工厂和公社，有一晚在看新编排的芭蕾舞剧《沂蒙颂》后，周恩来总理专门会见了访问团。周总理当时身患重病，在百忙中会见我们，是为了向海外港台青年表达国家的关怀，也向世界表明中国对钓鱼台群岛的立场。当工作人员向总理介绍我时，清癯有神的总理还亲切地跟我说："几次要求回祖国的就是你吧？祖国欢迎你们，但现在国家还没准备好，还要请你们等一些日子。"这次接见使我终生难忘。

4. 多年等待，终于踏上归途

结束国内访问，回到美国后，我认识到回国时机还不太成熟。特别是我有一个很好的台大同学，国内开始"文化大革命"的时候，他刚刚结了婚。他开着车从美国东部到西部来跟我们告别，说是要回国内，还说准备把没有发表的论文带回去献给祖国。那时我感觉国内可能比较乱，劝他暂缓行动。结果他把我骂了一顿。后来他就卖掉所有东西，带着夫人，通过巴黎回到了国内。可惜后来国内的情况实在太糟，专业也没能好好用上，再加上"上山下乡"的各种折腾，在我回国访问后不久，他全家又离开了。

1974年，我转去了佛罗里达大西洋大学海洋工程系任教，承担海洋学方面的教学任务，研究的方向是港湾共振和湖湾环流。1977年，我拿到了终身教职，刚好国内"文化大革命"也宣告结束，我认为应该可以回国了。这时子女都已上小学，再晚他们会难以适应那时国内的环境的。我就再次写信到中国驻加拿大大使馆，大使馆二话没说就让我填了表。

5. 多方权衡，扎根杭州

我们顾虑万一在国内待不下去，可能还会遗憾地重回美国，因此我并没有辞掉美国的工作，而是向学校请了一年的学术休假。回国的时候，国家给了我三个选择：其中两个在青岛，一个是国家海洋局第一海洋研究所，另一个当时叫青岛海洋学院，后来改名中国海洋大学，第三个就是位于杭州的国家海洋局第二海洋研究所。信息资源在美国是很丰富的，回国前我就知道中国的海洋研究主要在青岛，大概占了全国的百分之七十的研究力量。我也了解到海洋一所主要是物理海洋研究，而海洋二所主要是偏向海洋地质研究的。我当时不太想再去大学，是偏向于去海洋一所的。可是我夫人在1973年夏季也回来访问过，看过的地方比较多，她觉得从生活的角度来讲，杭州更好一些。因为回中国是我的愿望，夫人尊重了我的意见，所以在工作地点的选择上，我就尊重了夫人的意见，最后决定到杭州，从而进入了海洋二所。

当时海洋二所的领导根本没想到我会来这里，什么准备都没有。海洋一所那边反倒觉得我肯定会选他们，所有事都做了准备。到海洋二所后，所里给了很大的照顾。当时一般职工住的都是筒子楼，所里刚造了一些宿舍楼，书记就把自己分到的新单元让出来给了我们。我们东西太多，公寓里堆不下，还寄放了一些在别处。孩子们的教育也都给安排到了市里的重点小学和中学，孩子们自己也很争气，很快融入新的环境中。生活上我们雇了保姆，在那供给紧张的年代，这使我们能从折磨心神的日常烦琐事务中解脱出来，可以安心工作。

后来佛罗里达那边系里因找人代教我负责的课有困难，询问我什么时候能回去，我和夫人共同讨论后最终决定还是留下来。1980年5月，学术休假还没满一年，我就给系里回信说不回去了，正式辞了那边的工作，从此在杭州扎根下来。

三、投身祖国海洋事业

回国后，我的研究主要集中在河口动力学及陆架动力海洋学两个方面，主持过一批项目。65岁以后不再直接参与研究项目，致力于管理（如"863计划"的主题组长、"973计划"的顾问等），以及主持或参与一些战略咨询项目。

1. 从中美长江口联合调查到杭州湾河口动力学研究

陆地向海洋输入的淡水和物质对海洋生态环境有着重要的影响，因此作为河海交汇的河口地区一直是海洋科学研究的重点领域之一。长江河口地处我国东南，水体流量大、输出泥沙多，是国际河口研究界所关注的一个重点海域。改革开放之初，我国第一个海洋国际合作项目就是"中美长江口及毗邻海域沉积动力学联合调查研究"。这是我国改革开放后首个大型海洋科学国际合作项目，掀开了我国海洋科学领域与国外合作交流的崭新一页。

这个项目由国家海洋局主导，科学家来自全国，海上工作由海洋二所负责组织。1980年3月，国家海洋局率领代表团，再度赴美国商谈合作调查研究相关事项。由于我刚从美国回来，在交流等方面有一定优势，海洋局就让我也作为代表团成员之一赴美。访美过程中也有些插曲，因为个别美方人员与我或者熟悉或者认识。在合作调查计划的制订、课题的确立、人员的组织协调等方面我都参与了工作，起到了协调关系的特殊作用，也得到中美双方的称赞。

除了上船出海调查外，我还组织了海洋二所的科研人员对水文及泥沙资料进行分析，发现潮流的不对称性对长江口最大混浊带形成的重要作用，从而就长江口南槽、北槽两者在水文及泥沙上的相互影响，做出了比较有说服力的论证。

我国海洋研究学者很早就认识到，长江对杭州湾水文、泥沙有重要影响，为杭州湾南岸提供了快速淤涨的物质来源，但具体是怎么样一个机制并不是很清楚。我们结合长江口的工作及其他项目资料的分析，提出了长江冲淡水次级河口锋面的概念，以及此锋面对长江细颗粒泥沙输运进入杭州湾的重要作用。1987年，我们的设想获得了国家自然科学基金和浙江省自然科学基金的共同资助，那时资助额都很低，国家自然科学基金给了7万元，算是重点项目。调查证实了次级锋的存在，分析研究揭示了此锋区与悬浮泥沙、污染物、微生物及沉积物分布规律之间的内在联系，为河口整治、环境保护等提供了一定的科学依据。

香港回归后，针对珠江河口环境和香港排污计划，香港科技大学于1999—2001年实施了一个大规模调查研究项目，对珠江河口环境动力学取得了很好的认识。我是该项目的科学顾问。

2. 中日黑潮联合调查

从1986年起，中日两国海洋学家开始了为期7年的黑潮联合调查研究，每年要进行两个航次的海上调查，调查海域覆盖我国东海和黄海、冲绳海槽及琉球群岛以东海域、日本南部海域等黑潮流经海域，我是此

项目的中方首席科学家。

黑潮是北太平洋西边界的一支强流，其温度、盐度都比较高，幅度大致一百千米，深度约一千米，流速快，流量大。它起源于菲律宾以东热带地区，沿岸北上，流经吕宋海峡、台湾以东，穿过东海冲绳海槽，再返回太平洋经日本南部向东流去。黑潮的水并不黑，只是由于黑潮海水浊度极低而清澈透明，再加上水深，阳光中的红、黄色光波皆被吸收，偏重散射蓝色光波，所以从上看海水为蓝黑色。这股强大暖流对我国近海环流、海洋生态环境以及气候均有重要影响。

国内老先生们早在20世纪60年代就认识到，在浙江和长江口的外海都有与黑潮次表层水性质相近的海水存在，并伴随有一支常年北上的陆架海流，称为"台湾暖流"。由于黑潮次表层水携带着丰富的营养盐，台湾暖流对东海的生态环境是很重要的。但是这些海水是从哪里来的，怎么来的都不是很清楚。

在国家自然科学基金委员会正式成立之前，大概是中科院曾拿出一笔经费，仿照美国国家科学基金会（NSF）的方式来资助全国的科研。我就以探索台湾暖流来源为目的，送去一份在东海南部调查研究的项目申请书。初步的反馈说评得不错，申请会得到批准。不幸后来资助范围改变，说是只向大学开放，其他中科院或国家部委的研究所一概不予资助。幸好国家海洋局后来筹划了一个包括整个东海的调查研究项目，将我本来的项目内容基本都包括了进去。1986年起的中日黑潮联合调查项目也始终关注着这个重要海域。

通过调查研究，我们发现冬季时黑潮表层水在台湾东北大举入侵东海，而在紧邻台湾东北部，黑潮次表层水则终年皆以数百米的跨度涌升陆架漫入东海。同时也发现台湾暖流存在着内、外侧两个分支，并对其季节变化以及其与黑潮在台湾东北入侵陆架和台湾海峡北上流两者的关系，得到了比较清晰的认识。我们还从动力学模式研究入手，论证了黑潮入侵陆架冬、夏季的不同形式的动力机制，阐明了台湾暖流冬、夏季的不同生成机理。

3. 参与国际事务，维护国家权益

国际科学联盟理事会（简称国科联，ICSU）下有海洋研究科学委员会（简称SCOR），是国际上推动海洋科学研究的重要非官方组织。我刚回来的时候，中国科协已经恢复了在ICSU的席位，而海洋局正在承办加入SCOR事务。由于我在中美长江口合作项目的表现，海洋局让我参与了相关的谈判工作，并协助成立了中国海洋研究委员会（中国SCOR）。我在SCOR执委会担任了两届委员，并从1984年中国SCOR成立开始，连任了四届秘书长，主要工作是协调我国海洋学家参与SCOR的各个工作组和大型计划，调动了全国海洋科学界的积极性，赢得了普遍的认可。

国家海洋局希望我能进一步在官方的海洋组织中承担一些工作，特别是设在联合国教科文组织（UNESCO）之下的政府间海洋学委员会（简称海委会，IOC）。IOC在各地区成立了不同层次的机构，最高层次是分委会，与我国有关的是西太平洋计划（WESTPAC）。

经过日本的努力，IOC终于批准WESTPAC升格为西太平洋分委会，并于1990年在杭州召开成立大会。因为主席肯定是日本人，所以海洋局希望我竞选副主席。我是想好好做研究，说没有时间也没有兴趣参与这些事务。局里说只是开开会，不花多少时间的，最后就参加了。谁知半年后，作为主席的日本科学家不幸去世，局里希望我去竞选主席。当从个人荣誉上升到国家荣誉的时候，我只好服从。过程还是比较复杂的，

后来IOC任命我为代理主席，届满后下一届就选举为主席。任期中，在各国的共同配合和局里的协助下，共同推动了许多科学活动，让WESTPAC气象一新。五年多时光对我已是漫长的日子，因此急流勇退，决定不再竞选连任。

后来在1999—2001年又担任过两届的海委会主席，局里推举我去竞选的过程也是挺复杂的。总体来说做得应该还是很不错的，比较值得称道的有两点，一是代表海委会有惊无险地让UNESCO通过了我们的章程修改，使得IOC除了是联合国在海洋科学方面的重要职能组织外，也可作为近海及海洋事务的协调机构；二是建立了休会期间的主席联席会，协助秘书长对海委会的决议或行动理出重点，并监督其执行。

参与这些国际事务虽然占据了我不少的研究时间，但还是很有意义的，不仅为国际及国家的海洋事业做出了一些贡献，还丰富了我的生活经历，结交了不少的国内外朋友。

4. 发起海峡两岸海洋科学研讨会

我从中学到大学这段成长时间都是在台湾地区度过的，因此从感情上而言，台湾地区可以算是我的家乡，一直希望能为两岸交流做些事情。1979年我刚回国内时，两岸战争状态还没有解除。后来两岸局势逐渐缓和，到1987年，台湾当局已有限制地开放台湾同胞探亲。于是我和其他教授共同推动，1991年6月在杭州西湖畔举办了"中国邻近海域物理和化学海洋学讨论会"。这是第一次海峡两岸海洋学者们的学术交流。

会议开得很成功，会议上我们推动了1992年两岸学者在南海进行相互配合的海洋调查，并且交换调查数据。接着在1993年厦门举行的第二届海峡两岸海洋学术交流会议上，我们又推动了于1994年夏季在南海进行相互配合的海洋调查。之后我们再次推动，于1998年春夏之交在南海进行了两次相互配合的海洋调查，这次覆盖面广，能看出南海有很明显的多个中尺度涡并存的结构。这个海峡两岸的海洋学术会议受到大家的欢迎，基本上每两年举办一次，2019年台北举办的是第十二届。2021年正好是这个会议召开三十周年，如果没有疫情的话，本来准备在杭州举办第十三届。

1991年首届海峡两岸海洋研讨会全体代表合影

5. 推动海洋科学军民融合发展

2003年，我参与了《国家中长期科学和技术发展规划战略研究报告》的起草。海洋是和能源、资源三者并列入一个专题，我负责海洋子专题。当时国家对海洋尚未重视，还没有理解到海洋对人类、国家和民生的重要性，只是把海洋当作资源的一类来看待，否则应该将海洋列为独立的一个专题的。

海洋生态环境为人类的生存提供了保障，也为社会经济发展提供了诸多宝贵的生态服务功能。无论对民间还是对军方来说，对海洋生态环境的认知都是最基本的要求。这种认知需要海洋学家去研究，而海军本身是做不到的，因此美国的海军提供研究经费，跟海洋学家有很好的合作关系。而中国不是这样，那时除了武器及探测敌舰艇技术是军民合作外，在海洋生态环境方面中国的军口和民口是分开的。这是不恰当的，因为武器和探测技术都得在海洋生态环境中运作，而海洋环境动力强、因素多、变化多端，海洋生态也相当复杂，若是对海洋生态环境的认识不充分，往往会造成严重的后果。

海洋子专题中没有与国防相关的内容，于是我就到国家安全专题组里去呼吁军民融合发展海洋科学的重要性。我说的道理他们听进去了，不过由于种种原因未能最终纳入他们的本子。我还写过一封相关的建议书给一位中央老领导，他虽然时已退休，仍是批了下去。最终，有关在海洋环境研究中建立"寓军于民"机制的建议得以纳入战略研究报告中。后来这个机制不断完善，很高兴我们的努力没有白费。

6. 推动海洋生态系统动力学研究，呼吁治理近海生态环境

海洋环境的特殊性也决定了需要以多学科的视角去认识海洋生态系统，国际上从20世纪80年代起就大力推动海洋生态系统动力学。20世纪90年代起，我也与渔业海洋学家在我国共同推动海洋生态系统动力学的研究，并促成国家自然科学基金委员会和科技部"973计划"分别资助过一批有影响的研究项目。我本人也主持过一个基金委重大项目"渤海生态系统动力学与生物资源的持续利用"，在其中我承担的课题是有关中国对虾的早期生活史，因为在其从虾卵到糠虾这个早期生活阶段，河口环流的变异关系着对虾生长的成败。

同大家一样，我当初对可持续发展的概念理解并不很深刻。但在参与各个海洋生态系统动力学研究项目的实施、进展和结题会等的讨论过程中，深为我国近海生态环境的急剧恶化所震撼，并充分认识到我国以往的经济发展模式是不可持续的。过去十多年中，通过战略咨询项目报告和会议报告，我们一直关注和呼吁有关我国近海生态系统健康的问题，强调它们受到陆上和海上经济盲目发展的影响。我们提醒大家：滨海湿地对近海生态环境的重要性和森林对陆地生态环境的重要性相当，滨海湿地的修复治理工程理应提上日程，并且也与恢复森林一样是一个长期的工作；潮滩不是荒滩，它与相邻的盐沼或红树林一样，具有诸多对人类很重要的生态服务功能；对海洋经济的规模要有合理的期待，否则会破坏海洋生态环境，反过来损害海洋经济的发展。

四、对若干问题的看法

1. 关于教书育人

对于培养学生，我主要是用提问、讨论的方法来启发学生，学生自己是常常能做出创新的工作来的。我教过的学生们，总体的发展目前都还是很不错的。他们的成就当然主要是靠他们自己，我的贡献可能只是当初我对他们要求比较严格。我经常和学生说我有两个"不以为耻"。一个是学生的论文、工作等方面比我好，我不以为耻，学生应当胜过老师；另一个就是学生的论文做不出，毕不了业，我也不以为耻，成绩不合格就要被淘汰。

2015年苏纪兰（第一排左一）与第一届四位研究生重聚于杭州

对于海洋环流动力学来讲，研究主要有两个层次：首先是分析已有的工作或数据，了解基本现象，提出假设；然后是出海观测获取数据，并通过解析或数模的方式分析了解动力过程。对海洋科学而言，出海获取数据是第一位的，虽然不是所有研究都需要自己去做实际调查。但作为学生来讲，调查本身的经历还是很重要的，所以作为学业要求，他们需要有一定的参与海上调查工作时间。

2. 关于科学研究方法

我在美国学习期间，有两个对我影响很深的德国同学。他们喜欢用唯物辩证法看待问题，并且直言就是中国毛泽东的实践论和矛盾论。简单地讲，实践论就是认识论，讲如何去认识客观世界的研究方法，如何从实践（观测、动力方程分析等）上升到理论的认识（宏观的理解），如何再去验证和再提高认识，等等；矛盾论就是讲研究一个复杂的问题时，应该怎么去分析，怎么去处理。当然，对所谓主要矛盾（方面、因素）、次要矛盾的判别、分析和处理，经验也是重要的。

3. 关于个人的成功

一个人的成功，应该讲与他所处的天时、地利、人和有很大关系。对于我自己来讲，我回来的时机是蛮好的。正值改革开放，国家海洋局希望更多融入国际组织，开展更多的国际合作交流。像我这样在国外待过的专家，他们会很高兴地邀请去参与他们的工作。

从项目的角度来讲，借国际合作的东风，从中美长江口联合调查、中日黑潮调查中获益良多，奠定了我开展其他项目的基础。

从学科的角度来讲，国内一些老先生已经开展了许多卓有成效的工作，指明我国近海存在的诸多海洋问题。而中国过去对海洋重视不足，因而海洋学科的规模比较小，我加入此队伍仍有发展空间。

4. 正视差距，踏实工作

我认为我国的科学与国外的差距还是很大的，科学的进步需要长期的积累，不是一天两天就能够提升的。举个简单的例子，我前几天做一个报告，需要查一些资料，有关美国的信息非常容易获取，去网上就能找到，并且很多地方都有，图都弄得很好看，拿下来直接就可以用了。而中国的只能在一处找到很简单的表，要用的话，还需要自己重新作图。从这一点来看，国外科学家也好，老百姓也好，网上搜集信息很容易，这也就表示大家的认识容易提高，整体科学容易进步。另一点是研究的方式问题，作为科学家，理应是要带着队伍，自己也亲自参与做研究。但现在国内有不少科研人员，项目多，申请下来后主要是丢给下面的学生去做，这样的研究是很难能够做得好的。

当然我们也不能妄自菲薄，我们国家的确进步很快，水平也提高了不少。但同时我们也要知道我们的不足在什么地方，要好好去调整它。比如对中国很多近海的生态系统来讲，很多东西都还不是很清楚，这样要去做保护和修复的工作时会有很大的难度。这些基础研究的积累是必要的，但需要海洋学家们踏踏实实地去做很多年的工作，不能急于求成。

6 徐叙瑢院士

▶▶

徐叙瑢，
1922年4月生于山东省济南市，
物理学家，
中国科学院院士，
北京交通大学教授。

1945年7月毕业于西南联合大学物理系。1946—1951年任教于北京大学物理系。1951年被中国科学院派往苏联科学院别杰列夫物理研究所深造，1955年5月获得苏联科学院数学、物理学副博士学位后回国。中国发光学研究创始人之一，建立了我国第一个发光学研究室，其研究工作遍及复合发光的动力学、过热电子的实验论证、能量传递、瞬态光谱及光致发光、阴极射线发光、场致发光、发光在癌症早期诊断中的应用等领域。对发光学的基础建设、人才培养、国内外学术交流、学会及学报创办都做出了重要贡献。

一、少年立志

1.儿时熏陶

1922年4月23日，我出生在济南，3岁时全家搬到临沂。我的家庭是一个书香门第，父辈弟兄三人都毕业于高等学校，父亲徐中昂参加过乡试，中了秀才，随后科举制度取消，他又进入北京的京师大学堂学习。毕业后原拟公派出国学习，适逢祖父逝世，他回家奔丧就未出国。20世纪20年代初前后，他曾在原籍临沂唯一的一所中学任校长，后在外地转入政界，做过县长。抗日战争时期避难至河南，辗转迁徙，颠沛流离，最终到达四川。

父亲给家中起的名号是"徐积善堂"，意在积极倡导多多行善——宁可人负我，不可我负人。有一年春节，三哥亲手写了一副对联，兴致勃勃地贴在大门上，上联是"物华天宝龙光地"，下联是"人杰地灵徐儒家"。父亲看了以后，让我们赶快揭下，换上"诗书继世长，忠厚传家远"。这一课，我终生难忘。

他从未对我们动怒过，总是和蔼可亲。即使我们做错了事，他也都是循循诱导，从事情的发展过程中分析对错。他常年在外工作，一年大概只有十天左右能回家看看，一生清廉、两袖清风，每月寄钱至临沂家中糊口，家中经常拮据。

父亲在外地工作，母亲则带着我们居住在临沂。那是个兵荒马乱的年代，土匪常常在夜晚进城，母亲就拖儿带女同邻居老乡到孔庙去避难。听说南北军作战了，看见飞机在城上盘旋，就从墙上挖出的洞口到邻居家的地窖内躲藏。有时散兵游勇把长枪摔进院墙内，家人担惊受怕，就需要想方设法把这些枪支送出去。在这种环境下，哪里能安居乐业？

然而，清贫、劳苦的生活并没有吓倒坚强的母亲，她很精心地安排我们的生活。鲁南的主食是煎饼，一般是高粱做的，过年过节时才能吃上麦子做的煎饼或馒头，它的制作工序很复杂，要推、磨、烙。偶尔也为我们做点豆腐改善生活，豆腐的做法，很费力，也很烦琐，母亲都一人承担。直到中学，我才承担了其中的力气活及庭院的清扫。

几位兄长对我的影响也很深，他们不仅从思想上教育我，而且还重视教授专业知识。我三哥当时在北京大学数学系学习，他经常给我写信，放假时回家又当面给我讲解，他的这些教诲包括了学习做人、书法、专业等多个方面，而且每封信都附有几个算学难题让我练习，使我了解了算学中可能遇到的各种难题和解答方法。

仔细想来，家庭对我的影响是巨大的。我的诚实守信、认真负责、心地善良、谦虚谨慎的性格，大都源于家庭，更重要的是它塑造了我正视人生的基本态度。

2. "一瓶不满，半瓶晃荡"

临沂毗邻孔子故乡曲阜，受孔府的儒学影响很深。临沂县里，建有一座在当地来说极具规模的孔庙，从前称作"孔圣祠"。辛亥革命后，当地人利用这个庙舍办起了一所小学校，校名就叫"孔庙小学"。

6岁时，我被父亲送入孔庙小学启蒙。上学的第一天，我见到了那恢宏的庙堂与参天的古树，也深深地感受到了学业的神圣和读书人的尊严。

我那时成绩不错，考试经常拿满分。有一次数学考试，卷面6道思考题，只需选答其中5题做对，就可以获得满分100分。而我在规定的时间里，将6道题全都做对，有的题还列出了两种不同的解法。老师阅卷后，异常高兴，给我判出了破天荒的120分。此后的数学课上，老师常让我到黑板前出题给同学们去做，充当助教的角色。

久而久之，我便慢慢自负起来了，好像自己处理任何事都是正确的，记得有一次大家辩论起长江的宽度来，我们都坚持自己的说法。实际上，谁也不是真的知道，大家却没有找老师问个究竟，不求甚解。

一次晚自习时，老师不在，我和同学摸黑到学校大殿里，爬到供桌后孔夫子的塑像上取下了几个明珠。师长发现后大怒，批评我"一瓶不满，半瓶晃荡"。这句话被我牢牢地记在了心里，成为我终生难忘的警示语。

后来我接触到马克思主义，真正掌握到了认识世界的钥匙，更加深刻地重新认识了这句话。我们掌握的充其量也就是相对真理，一瓶永远满不了，所以，千万不要晃荡，永远要虚心学习。

3. 逃难之路

我从孔庙小学毕业后考入了山东省立临沂中学。学习生活一如既往，只是少了些童年时光异想天开的顽皮活动，多了些对学业与理想的更高追求。

初中时，我梦想成为一名为人解除病痛、受人尊敬的医生。所以我打算在初中毕业后，投考同济大学附属中学，以便将来能够考入同济大学医学系。可惜事与愿违，1937年日本发动全面侵华战争，局势突变，各校都停止了招生的计划，升学考试也不再举行。所幸我因会考成绩出色，得以升入本校的高中部继续读书。

不久后，华北大片领土沦丧在日寇的铁蹄之下。当时的知识分子，谁也不愿留在敌占区，因为文化人如果留在日本人的统治区内，不仅会成为"亡国奴"，还一定会被逼迫为日本人做事、成为汉奸。这样的人，将会永远留下骂名，成为千古罪人。

学校决定南迁，撤往大后方。父亲年老体衰，且患有"肺痨"；母亲的身体情况也不算太好，又要在家中照料。二老均无法加入西迁大后方的队伍徒步远行，只得留在家乡。我刚做了3个月的高中生，便于1937年冬，整理起简单的行李，离开了家人，随同部分临沂中学的师生一起，带着图书、仪器撤出了山东半岛。

山东各地的师生，准备在河南南阳汇集继续办学。初到南阳，因办学条件所限，临沂中学没有开课。好在我的哥哥徐英玉从北京大学毕业后，在济南女子中学教数学，此行也一同相伴，多少可以有个照应。也幸亏有哥哥在身边，除了能在生活上有些照顾，还能为我指导数学，做些习题，不至于荒废了这段时光的学业。

在南阳停留期间，我得到消息，说河南高中（开封中学）由开封市搬迁到了离南阳不远的镇平县，并已经具备了教学条件，准备开课。我觉得这是一个难得的机会，与哥哥徐英玉商量后，独自一人到镇平去上学。

到了以后才知道，这时的河南高中，只有二、三年级，没有一年级。我的心里一下就凉了半截儿，站在那里不知如何是好。接待的老师安慰我说："你先休息几天，然后我们考一下再做决定。"我听到此话，感到事情略有转机，忙问老师都考些什么科目，得到的回答是"也就考一下代数、几何、三角和语文"。

我有些紧张，因为我还不曾学过三角这门课程。来到学校临时给我安排的住处，我赶忙取出随身携带的书籍，找出哥哥给我的三角书，急切地翻阅起来。事关能否上学，我丝毫不敢懈怠，用了整整两天的时间，毫不停歇地把一本三角书看完，并试着做了一些课后的练习题，感到自己可以勉强应付一下了，才多少松了一口气。

几天后，我顺利地通过了包括三角在内的各门课程的考核，被河南中学批准插班到二年级学习。我终于又可以继续上学念书了。

奈何身处乱世之中，时局始终不能容我安心上学。入学时间不长，情况就有了变化。日军进攻的战线逼近了河南，1938年5月，我告别了在一起生活近3个月的河南中学师生，由镇平赶回了南阳，与山东的各路人马汇集在一起，分批次向大后方进发。

我在撤离南阳时的心情，要比离开家乡、告别母亲时还要难受。与母亲道别，袭扰心头的只是母子间难以离舍的亲情别绪。而此时此刻，涌上心头的则是对山河破碎、国土沦丧的极度哀痛，以及对日本侵略者的无比愤恨！

从南阳市出发，队伍一路步行，朝西南方向走去。路途艰辛，联络中断，很难得知亲友的消息。这时我才真正明白了古诗中"烽火连三月，家书抵万金"的深刻含义。出发不久，就有少数同学因惧怕行军路途的艰难，而离队自寻出路、另觅前程。

我们这支行进分队共有师生100余人。每天，我们在天还没亮时就整装出发，每天步行近百里，往往是日落西山、天黑之后，才能到达宿营地，可谓"两头不见太阳"。晚上若是能找到个废弃学校，还能搭起课

桌椅当床睡上一觉，若是宿在破庙里，就只能席地而睡。

刚开始的路途还是平原，不久便进入山区，一路下来都是翻山越岭。撤往大后方的路途，谁也没有走过。我们只能是沿途问路，按照大方向前行。行进途中曾数次遇见山里的土匪，但或许是看到我们人数不少，又或许是觉得我们都是些穷教师、穷学生，土匪并没有阻拦我们。

到了汉水北岸的一处地方，队伍停住了脚步，安营扎寨，打算开学复课。我们找到一座由于战乱威胁而被僧人们遗弃的古庙安顿下来。根据历史老师的考察判断，这座庙宇始建于明代，香火延续了五六百年。可怜如今，空荡荡的庙宇香火已断，显得衰败不堪。

我们利用这个空无一人的庙舍，重又拿起书本，开始上课。这里条件很是艰苦，光线阴暗、四面漏风，吃饭也很困难，就连油盐都很难买到。但是同学们的学习热情与兴致却一丝不减，老师教课同样也很认真尽责。

可是，这次复课很快又被迫中止。日寇在攻陷南京后，沿江长驱直入，进逼武汉。武汉濒临失守，这座破庙也不再安全。1938年11月，队伍再次出发，继续向大后方撤退，越过汉水，沿着汉水南岸向西行进。

经过一个多月的长途跋涉，我们终于到达了目的地绵阳。在四川绵阳，所有山东来的中学生重新编队，组成了国立山东中学，后来被命名为绵阳国立第六中学。

在绵阳六中的读书生涯中，绵阳地区屡次遭受日本飞机的轰炸扫射。我目睹了空袭后留下的一片狼藉和人体残躯挂在树梢的惨状，更增加了对日本侵略者刻骨铭心的仇恨。同时，也激励了我为报效祖国而努力学习的坚定决心。

二、我与西南联大

1. 坐着"黄鱼"去上学

1941年8月,我顺利毕业,参加了高考。我报考了西南联合大学、重庆大学和国立四川大学三所名校,并顺利地拿到了这三所大学的录取通知书。另外,贵州的铁道管理学院、陕西的化工学院,也都根据我中学的成绩单发来了录取通知书。

五份录取通知书摆在自己的眼前,我开始考虑上哪所大学更适合自己。从山东到四川,三年高中的艰苦经历,一方面磨炼了我的意志,另一方面也改变了我少年时的理想。

日本帝国主义的野蛮侵略,使中国陷入了前所未有的灾难。在这场侵略与反侵略的战争中,中国军队在日本军国主义先进武器的打击下节节败退,大片山河国土沦丧在拥有现代武装的日寇铁蹄之下。民族危亡面前,我不仅对日本侵略者肆意践踏中国大好河山、屠杀中国军民的罪行无比愤慨,也对自己的长远理想和奋斗目标有了全新的认识。科学救国的观点,占据了我思想斗争的上风。

我没有再做过多考虑,以物理学专业作为我报考大学的第一志愿。五所大学之间,我选择了远在昆明的西南联合大学。因为我十分清楚,西南联合大学是由中国三所著名的大学——从被日寇占领下的北平撤退到云南昆明的国立北京大学、国立清华大学,还有被日军炮火毁坏校园迁到昆明来的天津私立南开大学联合组成,师资力量和学术水平,在中国可以说是首屈一指的。

虽然是在战争艰苦时期,国内最为知名、声誉最高的学府,仍是我

向往的地方。能上西南联大，是我梦寐以求的最佳选择。为了不耽误报到时间，我只是简单收拾了行李，便即刻启程踏上了去往昆明的路途。

从绵阳到昆明，这点儿路程在今天看起来是非常容易的一次旅行，但在战争时期根本不存在公共交通工具，要是还像大撤退时靠双脚走路，是绝对赶不上开学报到日期的。

一路上，我主要依靠搭乘"黄鱼车"赶路。所谓"黄鱼车"，是在通往昆明的公路上行驶的卡车，包括专供货物运输的军用卡车，以及少量已被征用运送战时军用物资的民用运输车辆，那是在抗战时期唯一可以利用的交通工具。

搭乘"黄鱼车"具有很大危险性。搭乘者要想乘坐"黄鱼车"，必须拿出钱来付给"黄鱼车"的司机。而且"黄鱼车"有规定不得随意搭乘旅客。从绵阳通往昆明的公路上，沿途关卡哨所很多，检查极严。"黄鱼车"司机每到关卡前，必让搭乘者离车步行通过关卡。等过了关卡后，才准搭乘者上车，继续赶路。如果遇到司机不守信用，过了关卡后不等搭乘者，自行开车离去，搭乘者所付出的钱财，也就白白地打了水漂。要是行李还留在车上，将会受到无可挽回的更大损失。而且，就连这种"黄鱼车"也没有直接抵达昆明的。我只能走一段，搭乘一段。

在去往昆明的公路上，我饥饱不顾，几次换乘"黄鱼车"，与那些卡车里的货物混装在一起，一路颠簸，满面尘土。经过一番曲折坎坷的路途，我终于在1941年10月开学报到前，赶到了地处昆明郊外的西南联合大学。

我背着简单的行李，手里拿着录取通知书找到了联大理学院，在物理系报到注册。根据清华大学档案的记载，同期在联大物理系注册入学的还有包括邓稼先在内的23名同学。

我至今仍记得踏进联大校园时，在我耳边响起的《西南联合大学校歌》——

"万里长征，辞却了、五朝宫阙。暂驻足、衡山湘水，又成离别。绝徼移栽桢干质，九州遍洒黎元血。尽笳吹、弦诵在山城，情弥切。

"千秋耻，终当雪。中兴业，须人杰。便一成三户，壮怀难折。多难殷忧新国运，动心忍性希前哲。待驱除仇寇、复神京，还燕碣。"

从此，我开始了大学生的读书生涯，进入"求真知、经磨炼、定方向、打基础"的关键时期。

2. 了不起的联大精神

在抗战大后方的西南联合大学，当时被称作国统区内的民主堡垒。这所学校继承了北京大学兼容并包的历史传统，并始终坚持在五四运动中所提出的口号，高举"科学与民主"旗帜。对于我来说，在这种环境中，不仅能够及时了解中国和世界的形势，还能迅速接触到进步思想和革命道理。在这样一个坚持民主、追求进步的环境中，我不仅对中国以及世界的形势有了更多、更深刻的了解，还养成了不论在何种情况下都一丝不苟、坚持真理的习惯。

西南联大理学院物理系1941年入学新生有23人，每个人都抱有强烈的科学救国之心，认为科学的进步对国家最为有用。而在西南联大的学习环境中，现实又教育了我们，从单纯强调科学救国，进一步认识到"救国的关键是政治"。

西南联大之所以能培养出众多人才，与联大的教育思想、教学制度、学风和政治环境有密切关系。联大充分继承和发扬了三校的学术民主精神，特别是兼容并包的精神。在这种环境下，联大成为自由探讨学术的论坛。

1941年，日军窥伺滇西南，并有过直驱入桂黔的紧急军事战况，但西南联大岿然不动，校内教学如常。三所著名大学的名教授汇集西南联大，多数都是中西兼通的学者，不仅学术造诣深厚，而且具有强烈的敬业精神，因而教学质量是高水平的，这也是联大能培养出优秀人才的重要因素。

联大的另一个特点是严格要求、重视实际的学风，这些都集中表现在重视基础训练方面，尤其对基础课的要求是非常严格的。一年级结束时，有些系规定：某一两门基础课，成绩达不到某一标准（70分或65分不等）不能进入该系二年级。联大还规定：所有课程不及格不能补考，必须重修。学校对基础课教学力量的配备也十分重视。一、二年级的基础课程，即使是大一的国文、大一的英文等班次较多的课程，也有知名教授参加任课。有些教授教学上要求严格是出了名的，考试评分极为严格，不及格率很高。因此，要想学得出色，非下苦功夫不可。

学校刚搬到昆明时，理工科的仪器设备不多。但校方集中财力，尽量通过各种渠道，从上海、香港乃至国外购置必需的仪器设备，再加以教员自己动手制造设备，各系都开设了一系列的实验课程。如物理系从一年级到四年级，每年都有实验课，每周一次实验，在战时实为难得。工学院在困难的条件下，材料实验设备齐全，木工、金工、锻工、铸工实习从一年级就开始。理工科的教学设备，在战时的大学中，能具备这种设备条件的是不多的。

西南联大物理系9名教授中，对我影响最大的是当时担任西南联大理学院院长、教近代物理的吴有训先生。我对吴先生非常崇敬、尊重，多年以后，曾写有一篇《忆吴有训老师》的纪念文章。文中叙述了我在刚进入西南联大物理系时，就听到在同学中传颂着吴先生的重大贡献，但直到四年级才有机会听吴先生讲授近代物理的课程。吴先生讲课言简意赅、脉络清晰、重点突出，在课堂上就能听懂，并且可以跟着讲课的口述，做出完整的笔记。

我在课后的复习中才发现，吴先生讲课的内容十分丰富，逻辑非常严密，要经过反复思考，甚至查阅参考书，才能熟悉其内容、掌握其实质、抓住其关键。通过吴先生这种视野开阔、画龙点睛的教育，加深了我对课程的理解，让我学会从不同角度认识同一对象及从不同途径解决同一问题。吴先生的课程除了上述特点外，还会结合课程内容，讲一些科学轶事或趣闻。具体事例的传授，既生动又有科学方法和科学态度，给人的印象很深。

吴先生的教学中还有一个重要的地方，就是非常重视实验科学。他首先要求教师要有科研素质。西南联大的条件可以说无法再简陋了。教室及宿舍的墙是土制的，房顶是用草或一层薄铁皮铺的，下雨时或者渗水，或者咚咚作响。即使是这样，吴先生还同其他几名教授在名叫"大吉普"的乡下创办了几个研究所。我在肃然起敬的同时，也产生了想要进入研究所深造的愿望。

物理系为培养学生，建立了几个实验室。其中就有近代物理实验室。大学前几年的课程，都是论述宏观世界的形象及规律。到了学习近代物理，才第一次把学生的知识引申到微观世界。同时，出现了很多崭新的概念。实验课对树立这些有关微观世界的概念，起到了十分重要的作用。这个实验室是郭沂曾先生负责的，他安排了和近代物理密切呼应的实验，增强了学生们对这些新概念的了解。我至今还清楚地记得这个实验室的情况，印象极为深刻。

我在《忆吴有训老师》的文章中，还有这样一段叙述："人们常常议论，为什么联大条件那么差，竟能培养出那么多有用人才？我个人体会是，一方面是教授阵容强大；另一方面是教授们所倡导的努力向上的志气及奋斗拼搏的精神，以及这几个最高学府的民主传统在学生之间形成了生动活泼、艰苦奋斗的学风。虽然联大的学生几乎都在工读，但学生们并未耽误参加民主游行，也未耽误抢占图书馆内的座位。而这些与学校倡导的导向是紧密相关的，当时任理学院院长的吴先生他那宽大广博的胸怀在促成这种校风的形成及保证它代代相传的过程中都起到了主导作用。"

3. 艰辛求学

西南联大的学生如果没有家庭经济来源，就主要靠公费维持生活。我们自办了膳食团，轮流外出采买，伙食费与公费大致相等。一日两餐，伙食质量很差，早餐还要自己解决。买的平价米是糙米，米中常有沙子，有时甚至还有老鼠屎。大多数人要靠打工，包括到中学兼课、做家教等才能贴补上生活必需费用。

住宿条件也很差，宿舍是泥地稻草或铁皮屋顶。每间宿舍睡40人，有10个窗户。每个窗户旁支两张双层床。宿舍的窗户是几根木条，冬天就用纸糊住以挡风寒。好在昆明四季如春，很冷、很热的天气极少，勉强还能应付。

就是在这样拥挤的宿舍里，同学们照样能坚持自习。晚上7点以后，宿舍里就变得鸦雀无声。如果有人稍不注意大声讲话后，只要他人轻嘘一声，马上就复归平静。9点半以后，有人拿脸盆出去盥洗，宿舍里就开始热闹了，同学们在这段时间里对时事或生活琐事尽情交流。但10点半后，宿舍里又归为平静。当然，通常只能有一半的人留在宿舍里自修，其他人就得上图书馆或茶馆去自习。学校附近的文林街开了不少茶馆，只要用很少的钱，泡上一杯茶，就能在那里逗留很长时间也无人干涉。这些茶馆成了联大学生的自习室，是当时昆明一景，我和我的同班好友邓稼先就经常到这里温习功课。

1942年，太平洋战争爆发，中国的抗日战争进入相持阶段。日军为切断中国补给战争物资的交通命脉，在缅甸登陆。中国政府派出远征军开赴缅甸。缅甸当时是英国的殖民地，为与英国盟军沟通，中国远征军急需英语翻译。我在联大当教员的四哥通晓英文，又是一个积极投身抗战的热血青年，毅然响应征召，投笔从戎参加了中国远征军，一去再无消息。在四川的另一位哥哥，也因娶妻生子，生活非常拮据，难以再为远在昆明的我给予经济上的帮助。我没有了经济援助，学习生活变得难以维系。为了维持学习，不至于因生活所迫而中途辍学，我不得已开始了半工半读的生涯。

最初，由于我的字写得不错，便利用课余时间帮助一位教授抄写文章。有时遇到法文文章，只能一字一字地慢慢抄写。我每天拿出几个小时进行抄写，并为系里油印讲义。完成一份工作，我可以得到一定的报酬。钱数虽然极为有限，加上少得可怜的公费，却也勉强能够维持我在学校里的生活所需。

然而好景不长，1942—1943年间昆明物价暴涨，平价米已是有价无米。单靠抄写讲义，我的那点儿收入连稀饭都吃不上了。于是，我找到学生处，经他们安排，我制作过教学模型，在学校图书馆管理过图书资料，甚至还外出帮工、做过豆腐。干这些事情，所得收入毕竟少得可怜，非常有限。后经人介绍，我有机会到一个有钱人家做起了家庭教

师。这家有钱人专横跋扈，态度傲慢至极，实在是让我无法忍受，然而为了读书求学，我还是硬着头皮干了一段时间。

我在一篇名为《君子坦荡荡》的文章中曾对那时的生活有一段叙述："物价在天天上涨，家长已无法支持我的学习。为了能维持学习不致中辍，只能走上工读的生涯，初次感到自食其力的快乐。可是好景不长，父亲因病去世了。顿时觉得丧失了生活的目标，无所适从。就想去找师长，又怕麻烦他们，最后采取了到西山顶上通过远眺，从遥望山景中寻找希望的办法。"

在大学时，我总是穿着一身旧衣服，也几乎没有什么衣服可换。脚上穿的鞋一直穿到鞋底磨烂都没舍得扔，在鞋底垫些纸，又坚持穿了好长一段时间。稀饭是我的常年主食，吃不饱的事情常有发生。但无论生活多么清苦，都没有影响我旺盛的求知欲望。

在学校没课和无工可做的日子里，我在学校食堂里喝过一碗稀饭后，就尽早赶往学校附近的一家茶馆，花几分钱买一碗最便宜的茶水，占上一个座位，便捧起书本旁若无人地读起来。直到中午，感到肚子饿了，才想起买两个烧饼充饥。简单吃过，我又继续埋头苦读。日落时分，天渐渐暗了下来，我才收拾起书本返回学校。回校后，有时连食堂里的晚饭都没赶上。肚里空空，全靠回顾这一天读书的内容撑过饥饿的晚上。

在西南联大物理学系，一年级有普通物理实验，二年级有电学实验，三年级有光学实验，四年级有无线电实验，还要做六个近代物理实验，这在战争时期的大学中实属难得。我和同学们一样，对物理学的任何一次实验课都非常重视，对实验室里的实验设备格外珍惜、爱护。实验指导教师虞福春先生为了防备飞机轰炸，在实验室泥地上挖了一个洞，半埋一个50加仑的大汽油桶，实验完毕后就将一些重要仪器放入桶中，再盖上桶盖，以免日机轰炸时遭受损失。

当时西南联大学生所用教材的主要来源是同学间的互相转让。每年暑假，学生们就贴出小广告，将已用过的书出售给低班同学，再用此款去购买高班同学出售的教材。上完四年，手中的教科书就剩不了几本了，但每年上课的教材需要都基本满足了。我同样是照此办理，每到学期末，处理和搜集教科书就成了我必办的大事。等到即将毕业时，我所能留在身边的书也没剩几本。遇到教科书紧张时，同学们还要自己设法解决教材问题。例如，曾有同学在上高等微积分时，要用Courant著的书，学校和市场上都没有。我们就借图书馆的书到外面去石印。印书商人表示，只要满30本，他就可以开印。同学们便赶快设法凑足30这个数，去把书印出来。

战乱中的四年大学生活十分艰苦，除因经济因素、身体因素被迫辍学的外，西南联大极为严格的教学管理和更为严谨的教学进度，也使得联大物理系产生了较高的淘汰率。从1941年入学时的23名学生，到1945年临近毕业时仅剩下11名学生。

物理系这些青年学生风华正茂，心怀远大抱负，又都争强好胜。我们一方面互相激励、互相切磋；另一方面，我们又暗自铆足了劲，要在学习上互比高低。一起毕业的同学中，有和我同时入学，年龄比我还小两岁的好友邓稼先，还有后转入物

1945年徐叙瑢于西南联大毕业

理系并同样小我两岁的朱光亚。我的这两位同学，后来都成为中国当代著名的核物理专家、"两弹一星"功勋奖章的获得者。

1945年夏，我完成了学业，获得学士学位。领取毕业证书时，我眼含热泪，蒙眬地注视着这张凝结着无数艰辛与汗水的大学文凭，心中充满喜悦。同时我也暗想，这只是攀登科学高峰的起点，要想在科学殿堂里自由地翱翔，获取理想之光，仍要走更曲折的路，还要付出更多的汗水与辛劳。

三、五年的北大教书生活

毕业后，我本可留校当一名助教，可惜联大决定准备搬迁回北平，为减少人员负担，学校不再增加教职人员。为了谋生，我经系里介绍，在昆明海口光学厂找到了一份技术员的工作。

联大的"北返复校"遇到重重阻碍，直到1946年夏，北京大学终于复校。同年9月，我告别了昆明，来到北京大学，与邓稼先等一起被聘为北大物理系助教，开始了我的教书生涯。

1947年，我开始兼修研究生，师从饶毓泰教授，正式开始了拉曼光谱的相关研究工作。作为饶毓泰先生的研究生，我参加了北大物理系实验室的建设工作。先是在物理系筹建了五套一组的普通物理实验室，后两年又筹建了电磁学实验室。我既要写出有关实验操作的原理、步骤及分析等讲义，还要调试实验设备，同时为学生答疑、批改作业，工作繁忙而充实。

我住在北大红楼，这里曾是新文化运动的中心，在这里接触到的青年教员不少都具有进步思想。大家在一起时，常常交流对时局的看法。

受此影响，我先是参加了共产党的外围组织"文化工作者联盟"，后又在妻子刘毓英的引导下，正式加入了中国共产党。

1948年徐叙瑢行走在反内战、反饥饿的游行队伍中

在《我与发光学》中，我曾写道："1946年到北京大学工作后，经常参加学生运动及物理系地下党员郭沂曾同志组织的活动，接触到进步书籍。特别是解放以后，从共产党的形象、理论及行动中找到了真理，形成了科学的世界观，树立了为人民服务的志向。"

四、赴苏联深造

1. 翻过语言壁垒

1951年，上级安排我协助组织第一届留苏大学生的选拔考核工作，但这次考核竟无人考上中科院的留苏名额。后来，科学院向北大、清华要人，学校领导便通知我去应试。

我自己当时并没有去科学院的打算，更没有提出过这方面的要求。面对这个通知，我的心里一点儿准备都没有。我的第一个孩子刚刚出生不久，如果我离开，会带来诸多的不便。

更何况，我在拉曼光谱方向上的研究工作进展顺利，此时已进入关键时期。放弃自己钟爱的科研方向，跨入一个陌生的科研领域，对我来讲，不能不说是一个非常严峻的考验。

但党组织找我谈话时，着重强调了新中国在建设社会主义时期发展科学技术的需要。我觉得自己已经是一名光荣的中国共产党党员，个人的利益必须服从国家的需要，便在这个关键时刻抛弃了其他想法，愉快地服从了组织的决定。

1951年6月，经过重重考核，包括我在内共7人，被中国科学院确定为新中国成立后首批公派出国留学的高层次研究人才。

到达苏联，横在我面前的第一道关隘是陌生的语言关。我在学生时代所学的外语是英语，之前对于俄语从来都没有接触过，只是突击学会了几句简单的口语。我必须在半年内熟练掌握俄语，取得用俄语和苏联同行对话交流的资格。

给中国留学生讲授俄语的老师，是一位中国人民所熟悉的苏联国际友人，名叫捷姆斯卡娅。捷姆斯卡娅教授是一位语言学家，她在20世纪30年代就教授过我国在苏联的老一辈革命家，对中国很有感情。当时她已年届六旬，所编写的专为中国人学习俄语之用的著作在中国广为流传。我当年的一篇俄语小作业，还有幸被收录到了这套教科书中。

还记得上俄语课刚满一个月的时候，教授布置了这样一个作业：每个人口述一个故事，时间不限，但不能少于500个单词。这对我们每一个留学生来说都无疑是一次严峻的挑战。我搜肠刮肚，前思后想终于找到了一个切实可行的方法。

我先用汉语写出了一个自己早已熟知的故事。然后用了整整一天的时间，将它逐字逐句地译成俄文，然后反复背诵，直至烂熟于心。

在第二天的课堂上，轮到我上台后，我首先用俄语对在场的老师同学们说道："我给老师和同学讲述一个中国工农红军长征的故事。"接着，我便从中国工农红军的第五次反"围剿"斗争讲起，其间穿插着红军飞越乌江天险、强渡金沙江、翻雪山、过草地等细节，一直讲到了红军历尽艰难险阻，胜利到达陕北根据地延安。

由于心里紧张，情绪也有些激动，所以我在讲述过程中，语句并不是很连贯，语法上可能也出现了不少毛病。可在我讲完后，捷姆斯卡娅教授便兴奋地站起来，并评价道："这是一个非常有意义，非常令人感动的故事！徐同志讲得最好，完全达到了规定的要求。"

我自己都没想到，来到苏联不久，居然能利用学俄语、讲俄语的机会宣传中国人勇于献身和艰苦卓绝的奋斗精神。

2. 勇攀科研高峰

半年后，我已经熟练掌握了俄语，同时也基本熟悉了列别捷夫物理研究所的工作环境，终于拥有了进入课题研究的资格。

在国内时，科学院已明确了我此行要专攻发光学领域。1952年春，在苏联导师安东诺夫·罗曼诺夫斯基教授的指导下，我明确了具体研究方向——固体发光动力学。这是一个理论性和应用性都很强的方向，兼有基础研究和实验技术两方面的特点，要求研究人员同时具有敏锐的思维能力和娴熟的动手能力，对生产实际具备重要的指导意义。

确定研究方向以后，我整天沉浸在实验室里。从在西南联大步入物理学科学研究以来，我就苦于国内缺少必需的实验条件，心中有很多美好的设想都无法付诸实现。当时苏联的实验条件也比较简陋，远不及后来的中科院长春物理所，但的确已比同时期的国内研究所好上太多。

科研之路绝非一帆风顺，比如我最初的课题——硫化镉的发光动力学测试。我做了无数次的实验，可是数据始终统一不起来。接连数天，我白天扎在实验室里做实验，晚上翻阅文献资料查找失败的原因。导师多次与我共同讨论问题所在，后来还亲自送来了一台新的光谱仪，并关切地说："也许是原来那台光谱仪出了故障。"

经历了数不尽的茫然和惆怅，我终于意识到失败的症结是没有选好作为研究对象的物质。沿着这个思路，我又奋战了数日，终于获得了令人满意的实验结果。导师比我还要兴奋，由衷地感慨说："您和志愿军一样顽强，是科学战线上的英雄！"

我在这次成功的基础上又接连做了几个发光动力学的测试，也都获得了成功。但这些实验只能算作试笔练兵，还不具有太高的科学价值。我开始了新的冲刺，向固体发光领域的高峰进军。

在查阅参考文献时，我从世界著名科学家莫特的一部学术专著上看到了这样一个结论——"导带电子是不可区分的"。我对此心生疑窦，认为有进行验证的必要。我把自己这个大胆的想法对导师讲了，他听后惊讶地说："噢，这可是个庞然大物呀！"莫特的学术地位、威望和影响是国际物理学界尽人皆知的，我又何尝不了解这一点。然而我认为，在科学面前是没有高低尊卑之分的。

一年之后，我以无可辩驳的科学数据证明：当用不同的方法使电子能量不一样时，导带电子在发光中的表现是不同的，从而证明了导带电子是可以区分的。这项工作完成以后，我将自己的成果写成了访苏以来的第一篇学术论文《在结晶发光体ZnS：Cu，Co中电子被俘获及复合时有效截面之比的测定》。这篇论文提交后，很快便被登载在苏联科学院院刊上。

当时的国际发光学界存在一个长期以来争论不休的问题：苏联科学家认为发光符合双分子规律；英国科学家则认为发光符合单分子规律。两个学派各持己见，谁也说服不了谁。而我的实验结果则统一了英、苏两国科学家对这一理论的结论——单分子规律适用于激发密度大的条件，双分子规律适用于激发密度小的条件，两者都属于极端状态。

我的科研成果赢得了苏联学者的高度评价。光学家列夫·尼古拉·托尔斯泰（作家列夫·托尔斯泰的孙子）是给我论文审稿的审稿人之一，他评价说："徐同志的工作是一项非常漂亮的工作。"还热情地邀请我到他任职的列宁格勒国家光学研究所进行学术访问。

1953年中国留学人员与俄文教员在苏联托尔斯泰故乡留影

1955年5月，苏联科学院列别捷夫物理研究所由20名专家组成学术委员会举行论文答辩会，授予我副博士学位（苏联特有的学制）。我成为首批由国家派遣取得苏联副博士学位的中国留学生之一。

我顺利完成了中国科学院的预期学习任务。祖国科技事业的发展急需填补专业空白，我没有做过多停留，即刻动身回国，先是在物理所任职，后又辗转长春物理所、天津理工学院、北京交通大学等几个单位。

几十年来，不管身在何处，我始终坚持走在发光学的大道上，越走越深、越走越亮。中国的发光学事业，也在大家的努力下一步步发展壮大、屡创辉煌。

我们这一代人的责任，是把中国的发光学研究推向世界前沿，把青年一代带到国际比赛的起跑线上，我认为我们做到了。

在未来，这些年轻人会超过我们、继续前行，而我会微笑地看着他们，欣慰而自豪。